FACULTÉ DE DROIT DE TOULOUSE

TRANSFORMATIONS
DU CRÉDIT RÉEL CONVENTIONNEL

EN DROIT ROMAIN

DE L'ADJUDICATION

Après surenchère du dixième sur
aliénation volontaire.

EN DROIT FRANÇAIS

Thèse pour le Doctorat

SOUTENUE

Par M. GUY (Gabriel), Avocat.

NÉ A CASTRES (TARN).

TOULOUSE

IMPRIMERIE DE CAILLOL ET BAYLAC

Rue de la Pomme, N° 34.

1870

TRANSFORMATIONS
DU CRÉDIT RÉEL CONVENTIONNEL

EN DROIT ROMAIN

DE L'ADJUDICATION

Après surenchère du dixième sur aliénation volontaire.

EN DROIT FRANÇAIS

Thèse pour le Doctorat

SOUTENUE

Par M. GUY (Gabriel).

DE CASTRES (TARN).

TOULOUSE

IMPRIMERIE DE CAILLOL ET BAYLAC

Rue de la Pomme, N° 34.

1870

A MON PÈRE ET A MA MÈRE

A MES PARENTS

A MES AMIS

FACULTÉ DE DROIT DE TOULOUSE

1869-70

MM.

DUFOUR ✳, Doyen, Professeur de Droit commercial.
DELPECH ✳, Doyen honoraire.
RODIÈRE ✳, Professeur de Procédure civile.
MOLINIER ✳, Professeur de Droit criminel.
BRESSOLLES ✳, Professeur de Code Napoléon.
MASSOL ✳, Professeur de Droit romain.
GINOULHIAC, Professeur de Droit français, étudié dans ses
  origines féodales et coutumières.
HUC, Professeur de Code Napoléon.
HUMBERT, Professeur de Droit romain.
POUBELLE, Professeur de Code Napoléon.
ROZY, Professeur de Droit administratif.
BONFILS, agrégé.
ARNAULT, agrégé.
DELOUME, agrégé.

M. DARRENOUGUÉ, Officier de l'Instruction publique, se-
crétaire, agent-comptable.

Président de la Thèse, M. MOLINIER.

Suffragants : MM. MASSOL,
GINOULHIAC, } *Professeurs*.
HUC,
ARNAULT, *Agrégé*.

La Faculté n'entend approuver ni désapprouver les opinions
particulières du Candidat.

DROIT ROMAIN

Transformations du crédit réel conventionnel.

INTRODUCTION

Le crédit réel, c'est-à-dire l'ensemble des sûretés, des garanties accessoires à une créance qu'un débiteur peut retirer de son patrimoine, est, parmi les institutions du droit romain, une de celles dont la création a été la plus longue, la plus laborieuse. — Chaque génération ayant grâce aux travaux des générations précédentes un point de départ plus rapproché du but à atteindre, a apporté son contingent de lumières et d'innovations, a concouru à l'œuvre commune. Cette lenteur d'élaboration se comprend aisément, si l'on considère que tout instrument de crédit consiste en un dédoublement du droit de propriété. Le législateur doit, d'abord, par une analyse profonde de ce droit, en distinguer les éléments primordiaux : *jura utendi, fruendi et abutendi*. Cette décomposition faite, il faut

comparer entre eux les droits élémentaires afin de déterminer ceux qui, sans amener un anéantissement de fait du
droit de propriété, peuvent être enlevés au débiteur et
transférés aux créanciers pour leur servir de garanties.
— L'œuvre, enfin, ne sera complète qu'à la condition
d'établir autant d'institutions de crédit qu'il y a d'éléments différents dans le droit de propriété. Alors seulement, le débiteur retirera de son patrimoine tout le parti
possible, car chaque fraction de son droit concourra à
attirer les capitaux entre ses mains.

Les peuples ont leur enfance comme les individus qui les
composent. Le peuple romain n'échappa point à cette loi,
et la matière que nous étudions, en offre un frappant
exemple. Seules les idées simples sont accessibles à une
nation à ses débuts; aussi voyons-nous les Romains,
sous la république, ne pas faire les décompositions de
droit que nous avons montrées être la base d'un bon crédit réel, et se rejeter, par suite, vers le crédit personnel.

La garantie personnelle embrasse deux sortes de sûretés: 1° Les obligations accessoires à une dette principale
dont elles garantissent l'exécution, obligations contrac-
tées par des personnes différentes du débiteur principal;
— 2° les moyens d'exécution contre la personne physique
du débiteur.

Quant aux personnes obligées accessoirement à un
débiteur principal pour garantir sa dette, elles existaient
dès les premiers temps du droit romain. Cette affirmation
est incontestable à la condition d'être restreinte aux
sponsores et aux *fidepromissores*, puisque, dès l'année
652 de la fondation de Rome, la loi Aquilia vient apporter une modification trop habile pour avoir été imaginée
autrement qu'après une longue pratique (1). Les *fidejus-*

_____

(1) Gaius, 3, 122.

sores vinrent, bientôt après, constituer un nouveau terme de ce crédit personnel.

Certes, la préférence des anciens Romains pour le crédit personnel ressort avec évidence de ces nombreuses variétés de caution, mais elle trouve encore sa confirmation dans l'examen des moyens d'exécution contre la personne physique du débiteur. Ici le législateur ne s'est pas contenté d'accorder au créancier un véritable luxe de garanties ; il l'a même autorisé à se montrer barbare. C'est ainsi que le *judicatus* ou le *confessus in jure* était, en cas de non exécution de sa dette, *addictus*, et, si son insolvabilité se prolongeait, abandonné à la discrétion de son créancier qui pouvait le tuer ou le vendre *trans Tiberim* (1). Cette voie d'exécution compétait à tout créancier contre son débiteur récalcitrant ; mais la loi, dans le cas où l'obligation avait été contractée *per as et libram*, dans la forme du *nexum*, attribuait comme esclave le débiteur insolvable à son créancier. Le débiteur devenu esclave travaillait pour le compte de son maître qui, toutefois, devait imputer sur le montant de la dette le produit du travail, et le rendre à la liberté une fois la dette payée. — C'est, on le voit, une garantie mixte, personnelle par la privation de la liberté, réelle par l'attribution du produit du travail au créancier.

Des moyens de crédit aussi énergiques ne nécessitaient point l'établissement de sûretés réelles, nul n'osant, en présence des conséquences terribles de l'insolvabilité, emprunter une somme dépassant ses moyens de se libérer. — On peut même ajouter qu'à une époque où les patriciens étaient, à la fois, seuls assez riches pour prêter, et maîtres de la situation politique, ils devaient préférer le crédit personnel qui, en leurs mains, devenait une arme politique, un moyen de contenir le peuple soucieux de recouvrer ses

_____

(1) Aulu-Gelle, Nuits att., XX, 1.

droits. Seuls, les débiteurs désiraient la transformation
de ce système de crédit ; mais pour eux, simples citoyens,
la difficulté juridique se compliquait d'un obstacle politique. Ils ne pouvaient espérer le remaniement des lois
qu'autant que leur influence législative prédominerait
celle des patriciens trop intéressés au maintien de l'ancien
état de choses. L'institution des comices par centuries
étouffait la voix du peuple qui exaspéré par ses souffrances
journalières causées ; en grande partie, par les vexations
des patriciens créanciers, se souleva (261 an de Rome), ob-
tint la création des tribuns, et par eux l'établissement des
comices par tribus. Dès lors, le peuple fut maître de re-
médier à ses maux. La révolution politique qui agita
Rome ne fut que le moyen d'arriver à une rénovation
sociale et juridique.

Une des conséquences de ce déplacement de la puissance
fut la création du crédit réel. — Ce crédit n'existait, dans
les premiers temps, ni au point de vue général, ni au
point de vue spécial ; c'est-à-dire que, non-seulement,
un créancier ne pouvait, à l'exclusion des autres, s'attribuer une chose individuelle du patrimoine du débiteur ;
mais bien plus, il ne pouvait, même de concert avec les
autres créanciers, saisir et vendre l'ensemble des biens.
La *bonorum venditio* n'existait pas encore. Les garanties
personnelles tenaient lieu à la fois, et du gage parfait, et
du gage imparfait.

On a, cependant, soutenu que les biens de *l'addictus*
étaient attribués au créancier. Si cela était prouvé, il
faudrait reconnaître en droit romain l'existence du principe : Qui s'oblige, oblige ses biens. — Cela nous semble
inadmissible. Tout d'abord, pour prouver que le créancier
n'avait pas le droit de se payer sur les biens durant les
soixante jours que *l'addictus* passait *in vinculis*, nous
nous appuyons sur un texte d'Aulu-Gelle (1) ; et, quant

(1) Aulu-Gelle, Nuits att., XX, 1.

à la période postérieure nous adoptons la même solution à cause de l'odieux qu'il y aurait eu à voir un créancier tuer ou vendre l'*addictus* et se payer ensuite. La dette aurait été éteinte, mais le débiteur serait resté en esclavage, et d'autant plus sûrement que la vente avait dû avoir lieu *trans tiberim*. — D'ailleurs, ce respect complet du patrimoine tandis que le propriétaire était soumis à des peines rigoureuses, se conçoit en présence de la copropriété de famille admise par le droit romain : « *Quia domestici heredes sunt et ciro quoque parente quodammodo domini existimantur.* » — Il est, donc, prouvé que le droit de gage imparfait reconnu par la législation française au profit de tout créancier, même simplement chyrographaire, sur le patrimoine du débiteur n'existait pas originairement en droit romain. Cependant, pour être complétement exact, il faut mentionner l'application de la *pignoris capio*, espèce de saisie d'objets individuels permise dans quelques cas très peu nombreux où la créance provenait du service militaire ou d'une libéralité religieuse (1).

A la suite de l'arrivée du peuple au pouvoir, le droit privé reçut une double modification. La loi Pœtelia supprima les *nexi*. — Nul ne put désormais promettre des *opera serviles* en cas d'inexécution de la dette (2). En outre, la condition de *l'addictus* fut adoucie par la même loi en ce sens que le créancier perdit le droit de le retenir *in compedibus aut in nervo* (3).

La diminution d'énergie du crédit personnel provoquait la création d'un crédit réel sérieux. Les jurisconsultes et le préteur concoururent à transformer le patrimoine en

---

(1) Gaius, IV, 26.
(2) Varron, *de lingua latina*, VII, § 105.
(3) Tite-Live, liv. VIII, n° 28.

sûretés accessoires à des créances. — Le préteur Rutilius par l'institution de la *bonorum venditio* accorda à tout créancier même simplement chyrographaire un droit de gage imparfait, véritable sûreté réelle comprenant la double faculté de saisir et de vendre en masse les biens encore possédés par le débiteur. Sans doute, ce dernier restait toujours maître d'aliéner ses biens antérieurement à la saisie, et de diminuer ainsi le gage de ses créanciers ; mais ceux-ci furent bientôt protégés contre les aliénations frauduleuses, d'abord, par une action *in factum* personnelle contre l'acquéreur, et, plus tard, par une action réelle qui, considérant l'aliénation comme non avenue, leur permettait de faire rentrer dans le gage la chose aliénée. Cette action était nommée Paulienne.

Ce gage imparfait par cela même qu'il servait de sûreté à toutes les créances n'en garantissait aucune suffisamment. Tout créancier était contraint de subir le concours des autres créanciers et les diminutions du patrimoine consenties de bonne foi par le débiteur ; c'est dire combien sa position était peu sûre. — Aussi, imagina-t-on bientôt de placer à côté de cette garantie générale une garantie spéciale, conventionnelle, grevant des choses individuelles, les affectant au paiement d'une créance à l'exclusion des autres. La *fiducia* fut la réalisation de cette idée et la première forme du crédit réel, spécial, conventionnel, le seul dont l'étude soit l'objet de ce travail.

CHAPITRE PREMIER.

Fiducia.

Le créancier soucieux d'assurer le paiement de la dette, se faisait transférer la propriété, le *dominium* d'une chose; mais par un contrat de fiducie joint à cette aliénation il s'engageait à retransférer cette chose au débiteur dans le cas de paiement à l'échéance.

D'après Isidore, la *mancipatio* et la *cessio in jure* pouvaient seules servir de base à un contrat de fiducie qui, dès lors, n'eût pas été susceptible d'être ajouté à une tradition quelque valable que fût cet acte juridique pour transférer la propriété d'une chose *nec-mancipi*. — Cette opinion ne peut guère s'étayer que sur le défaut de mention de la tradition dans les textes relatifs à la fiducie. Paul, Gaïus supposent toujours une *mancipatio*. — Tout en admettant cette doctrine pour les premiers temps de la *fiducia*, nous pensons que plus tard quand le droit des gens empiéta sur le droit civil, la tradition modifiée par un pacte de fiducie dut être admise. Qu'on remarque, d'ailleurs, que les *peregrini* n'avaient pas d'autre moyen de se procurer une sûreté accessoire à une créance.

Quand le pacte de fiducie était joint à une mancipation, en faisait-il partie intégrante, ou bien lui était-il simplement juxtaposé ? — Les paroles composant ce pacte figuraient-elles dans la *nuncupatio* ou bien intervenaient-elles seulement après la mancipation terminée. — La question est importante, car si l'on admet la première solution, la fiducie se trouvait être la loi de la mancipation (1) et limitait l'exercice de l'action en revendication. — Voit-on dans la fiducie un simple pacte joint ou plutôt un contrat accessoire? On reconnaît par là qu'elle n'était sanctionnée que par une action de bonne foi (2). La question se trouve aujourd'hui définitivement tranchée par la découverte d'une table de bronze sur laquelle est gravée la constatation d'une mancipation accompagnée de fiducie. — Cette table trouvée à San Lucar de Barrameda (Espagne), contient deux paragraphes bien distincts, le premier relatif à la mancipation, le second au pacte de fiducie. Cette constatation spéciale et séparée de chacun de ces deux actes est la preuve évidente qu'ils avaient lieu successivement et ne formaient point un seul tout garanti par les mêmes actions (3).

La propriété était transférée au créancier fiduciaire pour un prix fictif *nummo uno*, quand on agissait par une mancipation, à cause de la nécessité de remplir la formalité du pesage du prix (4). Si on avait recours à une *in jure cessio* ou à une tradition il était inutile de simuler un prix.

En sa qualité de véritable propriétaire, le créancier fiduciaire avait le droit d'aliéner et, remarquons-le bien, ce droit, il l'avait depuis la mancipatio et non pas seulement à partir de l'échéance de la dette comme en droit français. — Ce n'était là que l'application très logique des principes.

Le contrat de fiducie venait tempérer ce pouvoir par

---

(1) Festus, V° Nuncupata pecunia.
(2) Gaius, IV, § 62.
(3) Gide, Revue de législation franç. et étrang., 1870.
(4) Gide, déjà cité.

l'obligation de conserver la chose jusqu'à l'échéance, et de la rendre en cas de paiement. Toutefois, ce tempérament était bien insuffisant puisqu'il ne touchait en rien aux aliénations consenties même pendant que la dette n'était point encore exigible. Le débiteur quoiqu'il se libérat n'avait aucune action réelle contre le tiers acquéreur ; il pouvait seulement poursuivre le créancier en dommages par l'action directe de fiducie pour inexécution du contrat (1). Faible compensation, l'insolvabilité du débiteur étant possible.

Il semble qu'il fût inutile d'accorder expressément dans le pacte de fiducie un pouvoir d'aliéner que le créancier fiduciaire puisait déjà, aussi complet que possible, dans son droit de propriété. — Cependant, nous voyons le pacte de fiducie gravé sur la table de San Lucar, conférer ce pouvoir au créancier. « *Si pecunia sua quâque die Titio data soluta non esset... ubi et quo die vellet pecunia præsenti venderet.* » Cette disposition avait pour effet utile de limiter l'obligation générale de conserver imposée au créancier fiduciaire de même qu'à toute autre personne soumise à une fiducie quelconque. Par là, le créancier se trouvait déchargé de l'obligation de conserver, dans le cas où le débiteur ne payait pas à l'échéance ; et, dès lors, la vente poursuivie ne donnait pas lieu à un recours du débiteur par l'action de fiducie (2). — En résumé, la mancipation conférait au créancier le droit d'aliéner ; le pacte de fiducie y ajoutait, dans le cas d'insolvabilité du débiteur, la faculté de le faire sans s'exposer à un recours.

Si le créancier exécutant son contrat était encore en possession au moment de l'échéance, et qu'il vendit seulement alors, il restait soumis au contrat de fiducie pour

---

(1) Cicéron, de officiis, III, n° 18. — Gaius IV, 362.
(2) Oide, op. cit.

l'obligation de restituer non la chose, mais l'excédant du prix de vente sur le montant de la dette (1).

Le créancier devenu propriétaire de la chose du débiteur avait le droit de la vendre, ainsi que nous venons de le voir; mais il ne pouvait se l'approprier définitivement par une sorte de dation en paiement. C'est-à-dire que si postérieurement à l'échéance non suivie de paiement, il la gardait en sa possession, le débiteur conservait le droit de la reprendre, à n'importe quelle époque, moyennant la libération de sa dette. — Le résultat n'était point modifié par une convention intervenue entre le créancier et le débiteur à l'effet de permettre cette *datio in solutum*; la convention était nulle comme favorisant l'usure.

Il en était de même, et pour des motifs semblables, quand le créancier procédait à une vente mais se rendait acquéreur *per suppositam personam*. Le contrat de fiducie continuait à valoir; *l'emptio* était nulle, et le débiteur qui se libérait pouvait exiger que la chose lui fût retransférée (2). — En résumé, le créancier avait le droit de vendre ou plutôt d'aliéner; en exerçant ce droit il empêchait l'accomplissement de son obligation de retransférer la propriété; mais si, au contraire, il restait propriétaire, le débiteur conservait la faculté de provoquer le retransfert par sa libération.

Du droit de propriété appartenant au créancier sur la *res fiduciaria*, il résultait une action en revendication qui lui permettait de poursuivre cette chose entre les mains soit du débiteur, soit d'un tiers détenteur quelconque.

Un esclave était susceptible de faire l'objet d'un contrat de fiducie; et la garantie qu'il fournissait était préférable à celle résultant d'un objet inanimé, à cause du

---

(1) Paul, Sent. liv. 2, tit. XIII, § 1.
(2) Paul, Sent., liv. 2, t. XIII, § 4.

produit de son travail que le créancier était libre d'imputer sur le montant de la dette (1).

Les inconvénients de la fiducie comme sûreté réelle spéciale sont nombreux. — Une chose, quelque grande que soit sa valeur, ne peut garantir fiduciairement qu'une seule dette, même infime. Le crédit du débiteur se trouve, ainsi, épuisé d'un seul coup, injustement et sans aucun avantage pour le créancier à qui une sûreté moindre aurait largement suffi. En outre, cet instrument de crédit arrive au détestable résultat de ne donner au créancier une garantie complète qu'en privant le débiteur de toute sûreté relativement à l'accomplissement de l'obligation de restituer. Le créancier peut, nous le savons, aliéner valablement la chose transférée en garantie, puis se trouver insolvable au jour de l'échéance, et rendre, ainsi, inutile la créance fiduciaire du débiteur. La vente à réméré, en droit français, quand elle dissimule un contrat pignoratif, ressemble singulièrement à la *fiducia*; mais, du moins, elle ne présente pas l'inconvénient précédent. Le rachat anéantit jusque dans le passé les aliénations consenties par l'acheteur qui n'est propriétaire que sous condition résolutoire. — La *fiducia* présente, enfin, le défaut de transférer la possession en même temps que la propriété, et, par là, d'imposer un grand préjudice au débiteur, sans aucune utilité pour le paiement de la dette.

Les jurisconsultes frappés de ces inconvénients apportèrent à l'institution primitive des modifications qui, cependant, n'en dénaturèrent pas le caractère principal. — On accorda un premier adoucissement au débiteur en lui permettant de vendre la chose fiduciaire quoiqu'elle fût la propriété du créancier. Le contrat de vente avait lieu entre lui et un tiers; le prix était payé au créancier jusqu'à concurrence de la dette. Ce dernier retransférait le

(1) Sent. de Paul, liv. 2, t. XIII, § 2.

dominium de la *res fiduciaria* au débiteur qui, à son tour, le transférait à son acheteur. — Paul indique expressément deux mancipations (1); il eût été, cependant, bien plus simple de les réduire en une seule faite par le créancier à l'acheteur. — Cette modification permettait au débiteur de choisir un moment favorable pour obtenir une vente à un prix rémunérateur. Mais, il restait encore soumis à la mauvaise volonté du créancier qui libre, lui aussi, de poursuivre la vente, pouvait le faire méchamment en un temps peu convenable. Cette issue fâcheuse était susceptible d'être évitée partiellement au moyen d'une convention interdisant au créancier le droit de *vendere fiduciam*. Sans doute, ce dernier restait libre, malgré la convention contraire, de poursuivre la vente; mais il devait préalablement dénoncer solennellement son intention au débiteur (1). — Cet avertissement donnait quelquefois le temps de rassembler l'argent nécessaire à l'extinction de la dette, et la vente se trouvait ainsi empêchée.

Ces expédients ne suffisaient qu'à pallier et non à détruire les inconvénients auxquels ils s'appliquaient. Il en était différemment quant au moyen imaginé par les jurisconsultes dans le but de ne point priver le débiteur de la détention de la *res fiduciaria*. — Ce dernier conservait la chose en sa puissance, il continuait à la détenir ; mais une convention de précaire ou de commodat venait empêcher qu'il tirât aucun parti légal de cette possession. Le créancier pouvait revendiquer la chose contre lui, mais très probablement, sous la période formulaire, s'il agissait avant l'échéance, une exception de dol devait lui être opposable. La combinaison était ingénieuse, car elle ne diminuait en rien la sûreté du créancier et laissait au débiteur une faculté essentielle, tout-à-fait étrangère à

_____

(1) Paul, Sent., liv. 2, t. XIII, § 5.

la garantie de la créance. Généralement les auteurs ne parlent de cette combinaison qu'à propos du *pignus* proproprement dit ; il faut, cependant, reconnaître, avec Hugo, que les Romains l'appliquaient déjà à la *fiducia*. Cela est clairement prouvé par un texte de Gaïus (1), qui déclare l'*usureceptio* inapplicable au débiteur qui détient, en qualité de commodataire ou de précariste, la chose fiduciaire.

L'*usureceptio*, dont nous venons de parler, avait été introduite afin de venir au secours du débiteur si maltraité par la *fiducia*. Il dépendait du créancier d'empêcher la propriété de faire retour au débiteur ; et ce pouvoir lui appartenait malgré l'obligation de retransférer engendrée par le contrat de fiducie. On conçoit que les jurisconsultes, ne voulant point attaquer de front le *dominium ex jure quiritium* qu'ils avaient en si grand respect, aient pris un moyen détourné, une usucapion dont ils ont rendu l'accomplissement très facile, d'abord, en supprimant la nécessité du juste titre et de la *bona fides*, ensuite, en réduisant le temps de la possession requise à un délai uniforme d'une année, aussi bien pour les immeubles que pour les meubles (1).

Malgré toutes ces modifications, la *fiducia* restait toujours un moyen de crédit parfaitement insuffisant, car rien n'avait été fait pour enlever au créancier le pouvoir d'aliéner suivant son bon plaisir et au mépris de ses obligations. L'expérience démontrait la nécessité d'un nouveau genre de sûreté réelle. Le *pignus* fut créé.

(1) Gaïus, II, § 60.

2

CHAPITRE II.

Pignus.

Les romains avaient, enfin, compris qu'un droit peut être décomposé ; que pour transférer au créancier le droit de vendre une chose afin de se payer sur le prix, il n'était nullement nécessaire de déplacer tout le droit de propriété, c'est-à-dire le *jus utendi et fruendi* en même temps que le *jus abutendi*. Seul, parmi les éléments du droit de propriété, le *jus abutendi* comprend le droit de vendre ; il suffit, donc, de le transférer isolément pour atteindre le but. Le créancier obtient, ainsi, directement toute la sûreté voulue, mais rien au delà.

Le *pignus* fut, à peu près, la réalisation de cette doctrine. Il s'appliquait aux immeubles comme aux meubles. — Dans cette nouvelle forme de crédit, le débiteur conserve la propriété de la chose destinée à servir de sûreté ; il n'en transfère au créancier que la possession, *ad interdicta* du reste ; mais, en même temps, il lui transmet le droit d'en aliéner le *dominium*, en cas de non paiement à l'échéance. — Par la constitution du *pignus*, il ne se dépouille, donc, que de la possession et d'une partie du *jus abutendi*. Nous disons : d'une partie, car tout en conférant au créancier le droit d'aliéner, il ne s'en dépouille pas lui-même. Deux personnes sont désormais investies de ce droit ; mais tandis que le débiteur peut l'exercer à toute époque, le créancier en voit l'exercice suspendu jusqu'à l'échéance de la dette non suivie de paiement, ou pour parler plus exactement, il n'a ce droit que sous la condition suspensive de la non libération du débiteur.

Le *pignus*, tel que nous venons de l'analyser, présente une double sûreté : 1° la possession, et, par suite, la détention de la chose étant dévolues au créancier, la privation qui en résulte pour le débiteur le pousse à se libérer; 2° le droit d'aliéner permet au créancier d'arriver directement à son but : le remboursement, par la réalisation de la valeur de son gage, et par le prélèvement du montant de sa créance sur le prix de la vente. — Mais, ce n'est point sous cette forme complexe que le *pignus* fut originairement créé. La transition de l'ancien état des choses au nouveau ne fut pas aussi brusque.

Primitivement, le *pignus* ne dut être qu'une sorte de droit de rétention. Le débiteur transférait la possession, faisait tradition de la chose; un simple pacte précisait la portée de cette tradition en indiquant que la possession n'était conférée que jusqu'au paiement. — Il faut se garder de confondre ce pacte joint à la tradition avec un contrat de fiducie. Ce dernier donnait lieu à deux actions de bonne foi; le simple pacte, au contraire, n'engendrait aucune action au profit du créancier qui, toutefois, était protégé par une exception de dol et *pacti conventi*. — Le débiteur resté propriétaire pouvait revendiquer sa chose entre les mains d'un tiers ou d'un créancier; mais celui-ci repoussait la prétention par l'exception *de dolo*, et par l'exception *pacti conventi* si la poursuite était faite par un héritier du débiteur.

Ce simple droit de rétention isolé du droit d'aliéner dut exister pareillement à la *fiducia*, sans, toutefois, lui porter atteinte car il n'était pas de nature à la suppléer. Javolénus qui vivait sous Domitien constate encore l'existence de cette garantie très imparfaite : « *Si is qui pignore rem accepit, càm de vendendo pignore nihil*

conventsset, vendidit, furti se obligat. » (1). — L'insertion de ce texte au Digeste n'a qu'une portée historique ;
il est parfaitement inconciliable avec tous les autres textes
de la matière.

Javolénus en prenant soin d'écarter l'hypothèse d'une
convention relativement à l'aliénation du *pignus*, prouve
par cela même que cette convention pouvait intervenir.
Son adjonction à la tradition dont nous venons d'examiner les effets, conférait au créancier le droit d'aliéner la
res pignoris en cas de non paiement à l'échéance. C'était,
au fond, une véritable procuration, une délégation de pouvoir, si bien que Gaius reconnaît que la vente était
censée faite *voluntate debitoris* (2). — Toutefois, les différences entre la situation d'un créancier nanti d'un
pignus et celle d'un *procurator* ordinaire chargé d'une
aliénation étaient nombreuses. C'est ainsi que le créancier,
quoique agissant seul, faisait valablement une *mancipatio*
ou une *injure cessio*, et par ces actes transmettait directement, du débiteur à l'acquéreur, la propriété de la *res
pignoris*; et, cependant, c'étaient des *actus legitimi*,
c'est-à-dire des actes juridiques nécessitant la présence du
dominus ex jure quiritium, excluant sa représentation par un *procurator*. Seule la tradition considérée
comme moyen de transférer la propriété admettait cette
représentation. Ainsi donc, le mandat donné au créancier était autrement efficace que celui donné à un *procurator* ordinaire; il s'appliquait aussi bien aux *actus legitimi* qu'à la tradition. — Il faut ajouter que le mandat du
procurator ordinaire était essentiellement révocable,
tandis que le pouvoir d'aliéner délégué au créancier était
complètement soustrait à la volonté du débiteur. — Par ce
qui précède nous sommes amenés à dire : Sans doute, le

---

(1) L. 75, D. de furt, 47, 2.
(2) Gaius, comm., 2, § 64.

pignus renferme une procuration d'aliéner, mais elle consiste dans l'abandon d'une partie du *jus abutendi*.

Nous avons vu que du temps de Javolénus et même de Gaius, le *pignus* ne comprenait le droit d'aliéner que s'il avait été expressément accordé par le débiteur ; mais cette clause étant devenue de style, on arriva à la supposer. Elle fut, dès lors, de la nature du *pignus*; et le débiteur pour y échapper devait avoir soin de déclarer expressément dans la convention son intention de ne point concéder la faculté d'aliéner. Cependant, alors même qu'aucune réserve conventionnelle ne privait le créancier de cette faculté, il ne pouvait l'exercer qu'à la charge de faire trois dénonciations au débiteur *ut pignus lucret* (1). — Le défaut d'accomplissement de cette formalité le rendait coupable d'un *furtum*.

Paul et Ulpien étaient contemporains et, cependant, nous trouvons un texte de ce dernier (2), qui indique un progrès notable sur la doctrine que nous venons de développer et qui était celle de Paul. — Ulpien prévoit toutes les différentes conventions qui se peuvent produire dans un *pignus*. Il assimile complétement l'une à l'autre, la convention portant faculté de vendre et celle qui garde le silence sur ce point. Il n'exige pas dans ce dernier cas les trois dénonciations déclarées nécessaires par Paul. Mais il va encore plus loin, et visant l'hypothèse d'une convention qui interdit au créancier le droit d'aliéner, il lui maintient ce droit sous la seule obligation de donner trois avertissements au débiteur. On le voit, Ulpien déplace les trois dénonciations de Paul, et au lieu de les exiger comme lui dans le cas où la convention se tait sur le droit d'aliéner, il ne les exige plus que si le débiteur a prohibé toute aliénation. En un mot, le *jus distrahendi* est désor-

---

(1) Paul, Sent., liv. 2, t. V, § 1.
(2) L. 4, D. de pign. act. 13, 7.

mais de l'essence du gage. — Cette différence considérable entre deux jurisconsultes de la même époque s'explique par cette considération qu'Ulpien fut un jurisconsulte progressiste, surtout par rapport à Paul très attaché aux doctrines du passé.

Le *jus distrahendi*, dont nous venons de faire l'histoire, permettait au créancier de réaliser la valeur de la chose engagée et de se payer sur le prix; mais rien ne l'obligeait à vendre. Il jouissait à cet égard de la plus complète liberté. S'il préférait conserver la chose engagée, en prévision d'un changement dans la position de fortune de son débiteur, il en avait le droit. Atilicinus pensait autrement, et craignant que le mauvais vouloir du créancier recherchât un moment peu favorable à la vente, il accordait au débiteur la faculté de le contraindre à vendre « *cogendum venditorem esse ad vendendum.* » (1) Pomponius réfute cette doctrine par trop tyrannique à l'encontre du créancier, et fait tomber le seul argument d'Atilicinus en reconnaissant au débiteur la faculté de procéder lui-même à la vente. Pour réaliser cette doctrine, le débiteur vendait, offrait le prix en paiement au créancier qui étant désintéressé devait restituer la chose. Si ce dernier s'y refusait, il avait contre lui l'action en revendication dont l'effet ne pouvait plus être arrêté par une exception de dol.

Il était loisible au créancier gagiste de se réserver, au moyen d'une clause expresse insérée dans la convention de gage, le droit de garder définitivement la *res pignoris* comme paiement de sa créance; en un mot, d'opérer une *datio in solutum*. Cette clause exceptionnelle ne le privait pas du *jus distrahendi*, aussi avait-il le choix entre les deux moyens. — Le § 9 des *fragmenta Vati-*

---

(1) L. 6, pr. D. de pign. act., 13, 7.

cana nous indique le procédé employé pour aboutir à cette modification de la convention de gage. — Une *emptio* intervenait entre le créancier et le débiteur soit au moment de la constitution du *pignus*, soit plus tard. Quand l'*emptio* était antérieure à l'échéance, elle était faite sous la condition suspensive que le débiteur ne paierait pas. En cas d'insolvabilité, la condition se trouvait réalisée et le débiteur devait accomplir toutes les obligations de la vente. Quant au créancier, son obligation de payer le prix se compensait avec sa créance. L'obligation de transférer la propriété n'était pas comprise dans les obligations du vendeur, aussi un créancier désireux d'acquérir le *dominium* devait-il préciser dans la convention que le débiteur serait obligé à transférer la propriété en cas de non paiement. La convention était alors un échange, du moins suivant Celsus (1). Toutefois, même en l'absence de cette dernière clause exceptionnelle, l'*emptio*, à cause de la tradition faite au créancier gagiste, avait pour résultat de lui conférer la propriété bonitaire des choses *mancipi* et le *dominium ex jure quiritium* des choses *nec-mancipi*.

Le *pignus* ainsi transformé donnait au créancier une sûreté dont la réalisation était on ne peut plus commode. La *res pignoris* dépérissait-elle, il procédait à la vente. S'améliorait-elle ou restait-elle supérieure à la créance, il se prononçait pour la *datio in solutum*. Mais, par contre, le débiteur était complètement sacrifié, et d'autant plus que cet arrangement facilitait les emprunts les plus usuraires ; aussi Constantin, en l'an 320, interdisit-il l'insertion de cette clause (2).

La tradition était un élément essentiel du *pignus*. Sans tradition, point de *pignus*. Plus tard la convention d'hy-

(1) L. 16, D. 12, 1.
(2) L. 3, C. de pact. pign.

pothèque permit de considérer comme droit d'hypothèque
le *pignus* non suivi de tradition ; mais, à aucune époque,
on n'admit un droit de gage proprement dit là où la tradition faisait défaut.

La création d'une espèce de droit de rétention et du
jus distrahendi ne sont pas les seuls effets de la tradition ;
elle donne encore à la simple convention la force d'un
contrat formé *re*. — Ce contrat de gage est synallagmatique imparfait, générateur *ab initio* d'une action *pignoralicia directa* au profit du débiteur, et, quelquefois, *ex
post facto*, d'une action *contraria* au profit du créancier.

Par l'action directe, le débiteur réclamait à l'échéance,
en cas de paiement, la chose engagée, et en cas de vente,
l'excédant du prix sur le montant de la dette (1). Si le
créancier restituait la chose détériorée par sa faute, c'était
au moyen de cette même action que les dommages lui
étaient réclamés. L'action *pignoralicia contraria* ne
résultait pas nécessairement du contrat de gage, et, quand
elle naissait, ce n'était que postérieurement à lui. Le
créancier y avait droit si la *res pignoris* lui avait causé
du dommage, ou occasionné des dépenses pour sa conser-
vation (2).

Le créancier gagiste ne devait pas user de la chose engagée, sous peine de commettre un *furtum usus* (3). —
Quant aux fruits, ils lui appartenaient, mais à la charge
de les imputer sur le montant de la dette (4). C'était alors
une suite de paiements partiels qui, s'ils étaient insuffi-
sants, étaient finalement complétés par la vente du gage.

---

(1) L. 42, D. de pign. act.
(2) L. 8, pr. 31, D. de pign. act.
(3) L. 54, pr. D. de furtis, 47, 2.
(4) L. 1, C. do pign. act., 4, 24. — LL. 2 et 3, eod. tit.

Ce résultat dérivant d'une convention tacite ne devait être admis qu'autant que la dette n'était pas à terme ou que le terme, s'il en existait un, était échu. La généralisation du principe eût été inique en ce qu'elle aurait privé, quoique partiellement il est vrai, le débiteur du bénéfice de son terme. D'ailleurs, la convention expresse de terme excluait nécessairement la convention tacite qui servait de base au droit du créancier gagiste sur les fruits. — Nous nous occuperons sous la section relative à l'antichrèse du cas où la dette est productive d'intérêts.

Nous n'avons jusqu'ici analysé le *pignus* que dans les rapports qu'il établit entre le créancier gagiste et le débiteur. C'est, encore, à ce point de vue restreint que nous allons examiner les inconvénients de cet instrument du crédit.

On peut renouveler contre le *pignus* plusieurs des critiques faites contre la fiducie. C'est ainsi que la nouvelle institution n'était pas meilleure que l'ancienne pour tirer parti de toute la valeur d'une chose. — Le gage, nous l'avons vu, supposait la tradition, comprenait la possession ; et comme celle-ci ne peut résider qu'auprès d'une seule personne à la fois, il était, dès lors, impossible de constituer simultanément plusieurs droits de gage sur le même objet. On voyait donc se reproduire le fâcheux résultat d'une chose d'une valeur très considérable affectée au paiement d'une dette minime relativement. Un seul emprunt, même faible, suffisait parfois à épuiser le crédit d'un homme riche.

Du moins, et c'était là une grande supériorité du *pignus*, dans sa première forme, sur le régime hypothécaire, le droit de préférence du créancier gagiste ne luttait jamais que contre les droits des créanciers chirographaires. Il ne courait aucun risque de se voir primé par une autre sûreté spéciale, puisque chaque chose ne pouvait servir de base qu'à un seul *pignus*, et que le droit d'hypothèque n'existait pas encore.

La nécessité de la tradition empêchait aussi de constituer un *pignus* sur des choses futures ; et, par suite, tout débiteur était dans l'impossibilité de tirer aucun parti même des choses qui devaient nécessairement tomber dans son patrimoine. Aucun moyen n'existait d'escompter l'avenir.

Le débiteur gagiste, de même que le débiteur fiduciaire, était privé de la possession qui, cependant, lui était souvent de toute nécessité. On avait, il est vrai, singulièrement amoindri cet inconvénient par le procédé déjà employé dans la *fiducia* et qui consistait à laisser la *res pignoris* en la détention du débiteur à titre de précaire ou de commodat (1).

Du pignus *au point de vue des tiers.*

Nous nous plaçons toujours antérieurement à l'extension de l'action quasi-servienne au *pignus*. Les inconvénients que présentait le gage au point de vue du droit de suite étaient encore plus considérables que ceux déjà énumérés. Le gage n'existant que par la tradition, la remise de la possession, on avait négligé d'accorder au créancier une action qui lui permit de se faire mettre en possession. On avait cru le protéger suffisamment en lui accordant les moyens de maintenir la chose en son pouvoir, de repousser les attaques faites dans le but de le déposséder.

Cette doctrine juridique lui créait une situation singulièrement précaire. Tant qu'il était en possession, pas de difficulté ; il repoussait toutes les demandes de dépossession, tous les actes de simple trouble, pour les interdits *uti possidetis* ou *utrubi* suivant qu'il s'agissait d'un immeuble ou d'un meuble. Mais si la possession venait à lui échapper, il y avait lieu à distinguer :

---

(1) L. 23, de pign. — L. 37, eod tit. — L. 37, de acq. poss.

1° La dépossession avait-elle eu lieu par violence ? L'interdit *unde vi* compétait au créancier, mais seulement à la condition que le possesseur actuel fût l'auteur ou, tout au moins, l'instigateur de l'éviction (1). Si le défendeur à l'interdit avait été mis en possession par l'auteur de la violence, il n'avait rien à redouter. Les mêmes principes étaient applicables au cas où un tiers s'était mis clandestinement en possession de l'objet du *pignus*. Le créancier recouvrait l'objet au moyen de l'interdit *de clandestina possessione*.

2° Si le débiteur, en exécution d'une convention assez fréquemment ajoutée au *pignus*, avait conservé, à titre de précaire ou de commodat, la chose engagée, le créancier gagiste recouvrait la possession, à l'échéance, par un interdit *de precario*.

3° Nous pensons même qu'au cas où le débiteur était resté en possession sans en avoir le droit, sans qu'aucune convention de précaire le lui permit, le vice, dont sa possesion était entachée, permettait au créancier de l'évincer en exerçant l'interdit *uti possidetis* ou *utrubi*.

Voilà les seules personnes contre lesquelles le créancier fût protégé. Ainsi donc, quand un tiers se mettait en possession de la *res pignoris* sans employer ni violence, ni clandestinité, ou bien, encore, quand tradition lui en était faite par une personne à laquelle un interdit était opposable, même par le débiteur, le créancier se trouvait complétement démuni et dans l'impossibilité de recouvrer la possession sans laquelle, cependant, il ne pouvait poursuivre la vente et profiter de la sûreté qui lui avait été consentie. — Sans possession pas de vente possible, et pas d'action pour recouvrer la possession perdue. Telle était la situation mauvaise imposée au créancier gagiste.

---

(1) Cicéron, pro Tullio, cap. 29 et 24. — Of. cap. 50 et 16.

Cela revient à dire que le droit de suite n'existait pas encore.

Par suite de cet état de choses, tout *pignus* donnait naissance à un conflit entre les intérêts du débiteur et ceux du créancier. Les uns ou les autres devaient nécessairement être sacrifiés; car si le débiteur conservait la possession à titre précaire, il pouvait, par une tradition faite à un tiers, amener l'avortement complet du *pignus*, l'anéantissement des sûretés fournies, et si, au contraire, le créancier gagiste, redoutant cette déloyauté, ne constituait ni précaire, ni commodat, le défaut, déjà signalé, consistant pour le débiteur en la privation de choses qui peut-être lui étaient nécessaires, telles que ses outils de travail, se produisait sans aucun palliatif.

L'action quasi-servienne, quand elle fut plus tard étendue au *pignus*, donna au créancier un droit de suite, rendit sa position aussi sûre qu'elle était précaire auparavant; mais ce n'est point encore le moment de s'occuper de cette transformation.

CHAPITRE III.

Antichrèse.

Nous avons au début de notre étude indiqué, comme le but vers lequel doit tendre toute législation, la décomposition du droit de propriété afin que chacun de ses éléments puisse être transformé isolément en garantie. — L'antichrèse fut un pas de plus fait dans cette voie.

Cette institution n'a pas de nom spécial latin qui la désigne. Les jurisconsultes l'indiquent au moyen d'une périphrase « *mutuum usum pignoris pro credito* (1). » ou mieux encore, ils empruntent le mot grec.αντιχρησις. C'est la preuve évidente de l'origine grecque de cette institution.

L'antichrèse est la convention par laquelle le débiteur confère au créancier le droit de percevoir, comme équivalent des intérêts des valeurs prêtées, les fruits d'une chose qu'il lui livre. — Ce qui constitue l'antichrèse, c'est l'*alea* qui résulte de la substitution des fruits de la chose livrée aux intérêts de la somme prêtée. Cette opération sera avantageuse soit pour le débiteur, soit pour le créancier, suivant que la production sera plus ou moins féconde.

Le plus souvent l'antichrèse se trouvait par une convention expresse, réunie à un *pignus*. Dans ce cas elle empêchait toute imputation des fruits sur le capital de la

---

(1) L. 33, D. 13, 7.

dette. Quelque proportion qu'ils atteignissent, ils étaient toujours uniquement destinés à tenir lieu d'intérêts.

Quand une chose productive de fruits était donnée comme *pignus* d'une créance dont les intérêts avaient été fixés à un taux précis, les fruits devaient être imputés sur le montant des intérêts, et, en cas d'excédant, sur le capital. Cette manière de procéder bien différente de l'antichrèse était suivie toutes les fois que la convention de *pignus* se taisait sur les fruits. — Cependant, même dans le silence de la convention, nous présumerions une *antichrèse* si les parties tout en stipulant des intérêts n'en avaient pas fixé le taux. Paul va encore plus loin, et accorde le droit d'antichrèse à un créancier gagiste qui n'avait rien stipulé au sujet de l'existence même des intérêts (1). On ne doit guère s'appuyer sur ce texte dont le remaniement est rendu probable par les mots *ad legitimum modum* (2). — En résumé, l'antichrèse n'existe accessoirement au *pignus* qu'à la condition, sauf dans un seul cas, d'être formellement prévue par les parties.

Mais elle n'était pas toujours unie à un *pignus*; elle pouvait aussi exister isolément. Cela résulte d'un texte de Marcien (3) qui donne à l'antichrésiste dépouillé de la possession une action *in factum* afin de se faire réintégrer. Si, en effet, l'antichrèse visée par Marcien avait été jointe à un *pignus*, ce n'est point de l'action *in factum* que ce jurisconsulte aurait parlé, mais bien de la *quasi-serviana actio*. — L'antichrèse isolée d'un *pignus* était un progrès notable du droit, car, décomposée, elle nous présente une créance d'intérêts novée, en même temps que garantie, par un droit aux fruits, par une transmission du *jus fruendi*. À cette première sûreté

---

(1) L. 8, D. 20, 2.
(2) Demangeat, t. II, p. 175.
(3) L. 11, § 1, D. de pignor. et hyp., 20, 1.

venait encore s'ajouter le droit de rétention dévolu à l'antichrésiste sur la chose productive de fruits.

Cette institution de crédit convenait parfaitement à la garantie d'une rente. La simple délégation du *jus fruendi* suffisait à donner dans ce cas une garantie sérieuse, tandis que l'adjonction d'un *pignus* n'aurait fait que priver, en outre, le débiteur, d'une partie de son *jus abutendi*; et cela sans aucune utilité pour le créancier.

Nous voici, donc, arrivés en un point du Droit romain où chacun des éléments du droit de propriété était susceptible de constituer une sûreté particulière. — Le *jus possidendi*, ou mieux la possession légale *ad interdicta*, conféré isolément au créancier se transformait en droit de rétention. Le *jus fruendi* servait de base à l'antichrèse. Le *jus abutendi* était une des parties essentielles du *pignus*. — Malheureusement, l'antichrèse et le *pignus* supposaient tous deux la possession, et, dès-lors, l'adoption de l'un empêchait la constitution de l'autre. Il fallait, donc, faire un pas de plus, supprimer la *possessio* comme élément commun, ne l'exiger que pour l'antichrèse à cause de la difficulté que l'antichrésiste eût éprouvée à percevoir les fruits d'une chose qu'il n'eût pas possédée. Alors un même objet aurait pu fournir deux sûretés distinctes, le *pignus* (par son *jus abutendi*) et une antichrèse (par son *jus fruendi* et par la possession). — Ce résultat, cette extension du crédit de chacun furent atteints par la création de l'hypothèque.

CHAPITRE IV.

Hypotheoa.

Les proportions d'une thèse ne nous permettent pas un examen approfondi de l'hypothèque. Nous devons nous borner à en développer les caractères principaux, à la comparer aux institutions antérieures, et, enfin, à étudier sa valeur comme instrument de crédit.

L'hypothèque ne dériva point d'une autre opération juridique dont elle n'aurait été que la transformation, par exemple, du *pignus*. Elle fut empruntée aux provinces grecques soumises à la domination romaine. Le texte le plus ancien qui en parle est de Cicéron, et il se borne à constater son existence en Asie-Mineure (1). Il y a lieu de s'étonner, cependant, que les Romains si jaloux de leur droit civil aient consenti à faire un emprunt si important à une législation étrangère qu'ils dédaignaient. Mais les avantages de l'hypothèque étaient trop évidents pour ne pas faire taire les susceptibilités nationales. Du reste, si ces dernières laissèrent introduire le principe même de l'institution, elles en modifièrent profondément les accessoires et supprimèrent la publicité, fort imparfaite il est vrai, en usage à Athènes (2).

---

(1) Cicéron, Epist. ad famil., XII, 56.
(2) Pollux, Onomast, III, C. 9, § 85.

§ I.

Notions générales.

L'hypothèque était un simple pacte par lequel un débiteur accordait à son créancier, comme sûreté de sa créance, un droit réel sanctionné par une action *in rem* prétorienne. C'était donc un pacte prétorien. — Le droit réel concédé au créancier comprenait : 1° Le droit de vendre, en cas de non paiement à l'échéance, la chose hypothéquée; 2°, et, en outre, la faculté de se faire mettre en possession, mais à l'échéance seulement.

Quant au droit de vendre, il était identique à celui du créancier gagiste. Toutefois, tandis que ce dernier avait droit à la possession dès le contrat de gage conclu, le créancier hypothécaire ne pouvait la réclamer qu'au moment où la dette était devenue exigible. Qu'on n'aille pas croire, cependant, cette différence importante. L'introduction de l'action quasi-servienne avait supprimé toute l'utilité d'une possession antérieure à l'exigibilité. — Cette différence, que nous venons de signaler entre le *pignus* et l'hypothèque, en entraînait deux autres à sa suite. C'est ainsi qu'un même objet pouvait être grevé d'un nombre illimité d'hypothèques, tandis que nous avons vu la nécessité de la possession faire aboutir le *pignus* à un résultat contraire. La tradition n'étant point exigée pour l'hypothèque, il était indifférent que la chose hypothéquée fût entre les mains du propriétaire ou entre celles d'un tiers, tel qu'un créancier gagiste. Le concours de plusieurs hypothèques et d'un droit de gage sur le même objet était donc

possible (1). Par la même raison, l'hypothèque était valable quoiqu'elle fut constituée sur une chose non encore
existante, ou ne faisant point partie du patrimoine du débiteur au moment du pacte. On tirait généralement partie
de cette faculté en hypothéquant tous ses biens présents et
à venir.

Sauf ces différences, la plus parfaite similitude existait
entre le *pignus* et l'hypothèque. L'un et l'autre étaient
applicables tant aux choses mobilières qu'aux choses im-
mobilières. Tous deux possédaient le caractère d'indivisibilité. — Cette indivisibilité rendait plus sûre la position
du créancier, puisque chaque payement partiel venait
augmenter la proportion existant entre la sûreté et la
créance. En outre, quand le bien hypothéqué était divisé
entre les héritiers du débiteur, et que l'un d'eux payait
la part de dette à lui afférente, l'indivisibilité, en venant
empêcher la libération hypothécaire de la parcelle appartenant à l'héritier libéré personnellement, dispensait le
créancier d'avoir à rechercher parmi les fractions celles
qui lui étaient encore affectées; ce qui, à la suite de plusieurs partages, aurait été une grande difficulté. L'exercice de son droit se trouvait ainsi facilité.

Le créancier hypothécaire pourvu du droit de poursuivre la vente, ne le pouvait faire qu'à la condition d'être
en possession ; mais cette possession, comment pouvait-il
se la procurer, puisque l'hypothèque, à la différence du
pignus, n'était pas accompagnée de tradition ? — Le préteur lui en donna le pouvoir en sanctionnant le pacte
d'hypothèque par une action *in rem*, nommée *quasi-serviana*, *hypothecaria* ou *pignoraticia in rem*. — Mais
cette action générale, applicable à tous les cas d'hypothèque, ne fut point découverte sans tâtonnements. Le préteur commença par prévoir un cas tout particulier, et ce

(1) L. 5, § 1. 20. 6. — L. 13, § 5, de pign. et hyp.

ne fut qu'après cette expérience qu'il généralisa sa création, toute spéciale à l'origine. — D'ailleurs, l'histoire de l'action quasi-servienne c'est l'histoire du pacte même d'hypothèque.

§ 2.

Formation de l'hypothèque.

Les fermiers n'avaient, le plus souvent, que leurs instruments de travail à offrir au bailleur comme sûreté de leurs fermages. Le *pignus* nécessitant la possession, le fermier se trouvait dans la triste alternative de ne pouvoir fournir de garantie, et, par suite, de voir le bail ne point lui être consenti, ou bien d'avoir, pour en fournir, à se priver de ses instruments aratoires, sans lesquels, cependant, il était dans l'impuissance de profiter de son bail. — Il faut croire qu'une constitution de précaire ou de commodat ne présentait qu'un remède bien insuffisant, puisque le préteur Salvius, afin d'aviser au mal, sanctionna, par un interdit *adipiscendæ possessionis causâ* nommé interdit Salvien, le simple pacte par lequel le fermier affectait ses instruments de travail et ses meubles au paiement de ses fermages.

A Rome, et c'est là un point incontestable, le droit sanctionnateur a toujours précédé l'établissement du droit déterminateur. Quand un préteur voulait créer une nouvelle institution juridique, au lieu de dire que tel droit était établi, il se bornait à annoncer que dans tel cas il donnerait une action ou un interdit; et, dès lors, le droit se formait dans le champ délimité par la sanction. — A l'abri de l'interdit Salvien le droit d'hypothèque prit naissance.

Par l'interdit Salvien, le bailleur, en cas de non paiement des fermages, obtenait la possession des choses grevées d'hypothèque, et se trouvait ainsi en mesure d'en
poursuivre la vente, ou, s'il le préférait, d'exercer sur
elles un simple droit de rétention. Nous pensons, avec la
majorité des auteurs, que l'interdit Salvien était donné
utilement contre tout possesseur des objets hypothéqués,
et non pas seulement contre le fermier. — Un texte de
l'empereur Gordien est, cependant, aussi formel que possible en faveur de l'opinion contraire. « *id enim tan-
tummodo adversus conductorem debitoremve compe-
tit,* » (1) — Mais Julien est tout aussi affirmatif en sens
inverse (2). — Dans ce conflit de décisions, il est permis
de supposer que la constitution de Gordien a été remaniée.
Cela est même rendu plus probable par la décision de
Théophile complétement conforme à celle de Julien (3).

S'il nous est permis d'émettre un avis sur ce remânie-
ment, nous dirons que la constitution de Gordien devait
originairement supposer non une hypothèque, mais un
pignus proprement dit doublé d'une constitution de précaire. — Dans cette hypothèse, l'interdit *de precario*
compétait seul au créancier, et c'était se conformer à la
nature de cet interdit que le donner exclusivement contre
le fermier. Quant à la mention de l'action servienne dans
le texte, elle ne prouve point qu'il ne s'agissait pas d'un
pignus, car cette action avait été étendue au cas de *pignus* analogue à l'hypothèque des meubles du fermier de
même que l'action quasi-servienne avait été appliquée à
tous les autres cas de *pignus.* Il faut donc, ce nous semble, admettre de la part des commissaires de Justinien une
confusion entre l'interdit *de precario* et l'interdit *Salvien.*

---

(1) L. 1. C. 8. 9.
(2) L. 1, D. 43, 33.
(3) Démangeat, Cours de droit romain, t. II, p. 680.

Un grand nombre d'auteurs se sont efforcés de concilier ces deux textes. M. Machelard (1) considère toutes ces conciliations comme devant être rejetées, sauf celle de Zimmern, qui consiste à admettre que dans l'hypothèse prévue par la constitution de Gordien il s'agissait d'un créancier autre que le *dominus fundi* ou même que le *locator*. Dès lors l'empereur aurait simplement dit que ce créancier ordinaire n'avait aucun droit à l'interdit Salvien dont l'exercice nécessite un *debitor conductor*. — En un mot, la constitution aurait eu pour but de trancher la question de savoir si l'interdit Salvien peut sanctionner une créance autre que celle d'un *locator*. — Cette solution nécessite tout d'abord une interprétation bien singulière du mot *adversus*. Pour tout esprit dégagé d'opinions préconçues, ce mot est la preuve que la constitution tend à dire contre quel possesseur l'interdit Salvien peut être dirigé, et nullement quelles sont les créances ainsi sanctionnées.

D'ailleurs cette opinion n'acquiert quelque force qu'à la condition de prouver que dans l'espèce il s'agissait d'un créancier dépourvu de la qualité de *locator*. Cette preuve, au dire de Zimmern, résulterait de la mention de l'action servienne utile dans le texte. Ce n'eut point été, d'après lui, l'action utile mais bien l'action directe qui eût été prévue, si Gordien eût supposé un créancier *locator*. — Cette argumention ne saurait jamais prévaloir sur ces mots du texte : « *Servianâ actione, vel quæ ad exemplum ejus instituitur.* » N'est-il pas évident que le texte prévoit principalement le cas où compéte l'action servienne c'est-à-dire l'hypothèque du *locator*. — Ce n'est qu'accessoirement, ou plutôt au moyen d'une alternative que l'action servienne utile est supposée. — Ainsi, donc, même en admettant, ce qui, d'ailleurs, n'est pas le moins

(1) Machelard, des Interdits, p. 118.

du monde prouvé, que la mention de l'action servienne utile suppose un créancier *non locator*, il n'en resterait pas moins acquis que la décision de Gordien s'étend aussi bien au *locator* qu'au *non locator*, et que, dès lors, elle ne peut, ainsi que le veut Zimmern, refuser l'interdit Salvien en se fondant sur l'inexistence d'une créance de fermages. La décision serait manifestement fausse pour la moitié de l'hypothèse prévue. — Il faut donc en revenir à l'opinion qui reconnaît que la constitution de Gordien a été remaniée.

Quelque sûreté que trouvât le créancier bailleur dans l'interdit Salvien, il ne tarda pas à être gratifié d'un moyen nouveau d'arriver à la possession de son gage. Le préteur Servius, qui très probablement n'était entre que le jurisconsulte Serv.us Sulpicius, lui accorda une action *in rem* dite servienne. Nous suivons, on le voit, la doctrine qui fait précéder la création de l'action Servienne par celle de l'interdit Salvien. C'est l'opinion soutenue par MM. de Savigny, Demangeat, de Vangerow. — Rudorff, qui la partage, va jusqu'à dire que soutenir l'opinion contraire cela revient à prétendre l'invention de l'arbalète postérieure à celle des armes à feu (1). L'opinion générale trouve sa confirmation dans ce fait : que le *pignus* lui aussi fut antérieurement à la création de l'action quasi-servienne, protégé simplement par les interdits ordinaires. — Le préteur, nécessairement timide quand il apportait une innovation, dut, autant que possible, faire à l'hypothèque originaire une situation quelque peu semblable à celle du *pignus*, en ne la protégeant que par un interdit dont le champ était d'ailleurs autrement vaste que celui des interdits ordinaires. Pourquoi n'aurait-on pas à Rome, comme chez nous, taché de dissimuler les innovations sous des noms déjà connus.

(1) Rudorff, Zeitsch. für Gesch. Rechts., t. XIII, p. 217.

L'interdit Salvien était, en réalité, une véritable action qui pour se faire admettre se cachait sous le titre plus modeste d'interdit ; aussi la transition qui le fit aboutir à l'action servienne fut-elle rapide. — La création de cette action n'amena point la suppression de l'interdit Salvien. L'un et l'autre coexistèrent. Cela nous amène à rechercher si l'interdit offrait quelque avantage sur l'action ou si, au contraire, il n'en était qu'une inutile superfétation.

Avant de procéder à cette comparaison, voyons, d'abord, les caractères principaux de l'action servienne. Elle était *in rem*, arbitraire, et permettait au créancier de se procurer, en cas de non paiement à l'échéance, la possession des *res coloni* hypothéquées. A l'instar de toutes les actions, elle ne pouvait, si le possesseur se refusait à restituer ou à payer, c'est-à-dire à exécuter l'*arbitrium*, aboutir qu'à une condamnation pécuniaire, garantie, il est vrai, par la *pignoris capio*. Ajoutons que le bailleur, exerçant son action, ne pouvait triompher qu'à la condition de prouver : 1° la propriété du preneur *(conductor)* sur les objets hypothéqués ; 2° une constitution valable d'hypothèque.

Cela admis, revenons à l'interdit Salvien. M. Ducaurroy prétend que cet interdit fut imaginé postérieurement à l'action Servienne et afin d'assurer au bailleur d'un fonds rural un avantage sur les autres créanciers à qui les *res coloni* auraient été aussi affectées en paiement. — Par l'exercice de cet interdit, le bailleur aurait pu, d'après cet auteur, évincer les autres créanciers hypothécaires en possession, et acquérir, ainsi, le rôle de défendeur dans l'action quasi-servienne que les créanciers dépossédés restaient libres d'intenter. — M. Bonjean (1) trouve

_____

(1) Bonjean, Traité des actions, t. II, n. 395.

cet avantage sans valeur, car, à son avis, pour acquérir
cette position du défendeur, position encore précaire,
le bailleur aurait eu à fournir tout autant de preuves que
pour triompher définitivement dans l'action servienne. A
se donner le même mal, mieux vaut arriver au terme
qu'à une position intermédiaire. — La réfutation de
M. Bonjean serait irrésistible, s'il était avéré que la
preuve exigée par l'interdit Salvien fût aussi complète que
celle nécessitée par l'action Servienne. Mais rien n'est
moins certain; et M. Demangeat pense qu'il suffisait pour
triompher dans l'interdit d'apporter la preuve de la constitution de l'hypothèque. Quant à la preuve du droit de
propriété du constituant elle ne lui paraît point avoir été
exigée.

Combinant ainsi les deux opinions de MM. Ducaurroy
et Demangeat, nous admettrons comme supériorité de
l'interdit Salvien sur l'action Servienne la faculté de se
procurer par lui, et au moyen d'une preuve autrement
facile que celle de l'action, la position de défendeur en
même temps que la possession. L'ancien possesseur pouvait, il est vrai, remettre tout en cause par la *quasi-
serviana actio;* mais il était obligé de prouver que son
propre constituant avait été propriétaire, et que la constitution de son hypothèque était valable. Les rôles se
trouvaient ainsi renversés. — Quant à la partie de l'opinion de M. Ducaurroy relative à l'antériorité de l'action
Servienne par rapport à l'interdit, on a déjà vu que nous
la repoussions.

La création du préteur Servius ne demeura pas longtemps restreinte à un cas isolé. Elle reçut la généralisation la plus grande possible. Le préteur dans son *album*
indiqua qu'il donnerait pour obtenir l'exécution de tout
pacte d'hypothèque, autre que celui consenti au bailleur,
une nouvelle action nommée *quasi-serviana, hypothecaria* ou *pignoraticia in rem.* Dès ce moment, à côté du
pacte d'hypothèque spécial au bailleur, le droit prétorien

admit l'efficacité de tous les autres pactes d'hypothèque, et, ainsi, le droit sanctionnateur vint étendre l'institution qu'il avait créée.

Il est généralement admis que l'interdit Salvien ne subit pas la même extension et resta uniquement applicable au pacte d'hypothèque consenti au bailleur. — A Cujas et à quelques auteurs modernes (1) qui soutiennent l'existence d'un interdit quasi-Salvien au profit de tous les créanciers hypothécaires, on peut répondre qu'aucun texte ne le mentionne; fait bien singulier à côté de la présence au *corpus juris* de plusieurs textes sur l'interdit Salvien dont, cependant, l'importance aurait été bien minime à côté de l'interdit général imaginé par ces commentateurs. — Du reste, les autres cas d'hypothèque différaient beaucoup de celui du bailleur, se présentaient dans des conditions moins favorables. Seul le *locator* d'un *prædium urbanum* méritait d'être protégé tout autant que le bailleur; mais il l'était déjà, indépendamment de tout interdit, par la faculté de retenir chez lui au moyen de la *perclusio*, les meubles de son locataire. Pouvant, s'il était prudent, s'assurer ainsi la possession des meubles hypothéqués, qu'avait-il besoin d'un interdit quasi-Salvien (2) ?

Rien ne fait découvrir les vices d'une institution comme sa comparaison avec une autre; aussi, dès que les Romains purent juger le *pignus* en le comparant à l'hypothèque, ils s'empressèrent de le rendre à peu près semblable à celle-ci. Nous nous sommes longuement étendus sur les vices du *pignus* au point de vue des rapports du créancier gagiste avec les tiers; il faut maintenant constater leur disparition presque complète, grâce à l'extension de l'action quasi-Servienne au gage.

---

(1) Thibaut, de Vangerow, Bachofen.
(2) V. Machelard, Interdits, p. 111.

Le droit de suite avait, enfin, été conféré au créancier
gagiste. — Seules, les différences fort légères déjà signa-
lées au début de notre étude sur l'hypothèque subsistaient
entre elle et le gage. Quant au droit de suite et au droit
de préférence la similitude était complète, aussi tout ce
que nous dirons sur ces deux droits, doit-il être appliqué
au *pignus*.

Cette absence de différences importantes entre les deux
institutions du crédit amena, presque forcément, les
Romains à admettre que quand les parties avaient entendu contracter un *pignus* proprement dit le défaut
de tradition n'empêchait pas la convention de valoir
comme pacte d'hypothèque (1).

Hypothèque tacite. — L'hypothèque entrait de plus en
plus dans les mœurs. Dans certains cas même, elle se re-
produisait avec une persistance telle que la clause d'hypothèque avait fini par devenir de style. — La coutume
avait, en droit Romain, la valeur d'une source de droit (2) ;
aussi, est-ce probablement en vertu de son autorité que
dans certains actes juridiques on présuma une convention
d'hypothèque, malgré le silence des parties. L'hypothèque
tacite fut donc admise. — Dans le principe, elle fut établie : 1° Au profit du bailleur rural sur les récoltes de son
fond, pour le paiement des fermages ; (3) et 2° au profit
du fisc sur les biens des contribuables et des administra-
teurs (4). Constantin en l'an 311 de J. C., garantit par
une hypothèque tacite, sur les biens des tuteurs et cura-
teurs, l'action *tutelæ directa*, qui avant lui n'était que
privilégiée *inter personales actiones* (5).

---

(1) L. 1, § 1, de pign. act.
(2) Cicéron, ad Herennium, II, 13.
(3) L. 7, D. 20, 2. — L. 4, eod tit.
(4) L. 46, § 3, D. 49, 14. — L. 1, C. 8, 13.
(5) L. 2, C. 5, 37.

L'action *rei uxoriæ* ou en restitution de la dot, primitivement privilégiée, comme la précédente, *inter personales actiones*, fut modifiée par Justinien qui l'unit à l'action *ex stipulatu*, et y ajouta, en forme de garantie, une constitution tacite d'hypothèque portant sur les biens du mari (1).

§ 3.

Droit de suite et de préférence.

Nous venons de voir comment l'hypothèque s'était introduite et développée en droit Romain. Etudions maintenant sa manière d'être à l'égard soit des autres hypothèques (droit de préférence), soit des tiers acquéreurs (droit de suite.) Cela nous tiendra lieu, en même temps, de l'exposition des principes de l'action *quasi Servienne*.

Le but de l'hypothèque était la vente de l'objet affecté au paiement ; mais cette vente n'était possible qu'autant que le créancier qui la poursuivait se trouvait en possession. Occupons-nous, donc tout d'abord, des moyens mis à la disposition du créancier hypothécaire pour obtenir cette possession.

S'il était déjà en possession au moment où la dette devenait exigible, il pouvait repousser par les interdits possessoires la plupart des demandes tendant à le déposséder. Rien ne l'empêchait de poursuivre la vente et de se payer sur le prix.

Mais si comme cela devait se produire dans l'immense majorité des cas, l'échéance de la dette le surprenait privé de la possession, il y avait lieu de distinguer.

(1) L. 1, § 5, C. 5, 13. — Inst. § 29, de act.

La chose hypothéquée était-elle auprès du débiteur, le créancier l'en dépossédait en exerçant l'action quasi-Servienne. Peu importait que le débiteur eût aliéné la *res hypothecaria*, car l'action quasi-Servienne était aussi bien donnée contre un tiers acquéreur que contre lui.

Toutes les fois qu'un créancier hypothécaire enlevait par cette action la possession à un simple tiers acquéreur, il se bornait à exercer son droit de suite sans le mélanger aucunement avec le droit de préférence. — Mais il en était bien différemment, quand le tiers détenteur à sa qualité de possesseur unissait celle de créancier hypothécaire. Alors, au sujet de la possession, et sous le couvert d'une question de droit de suite, s'agitait aussi un démêlé relatif au droit de préférence. Si l'hypothèque du possesseur était antérieure en date à celle du demandeur, ce dernier voyait son action repoussée par l'exception : *Si non Numerio Negidio ante pignoris hypothecave nomine sit res obligata* (1). — C'était là une première application de la maxime « *potior tempore, potior jure* » qui servait à déterminer parmi les hypothèques frappant une même chose, celle qui devait être préférée.

Alors même que le tiers détenteur n'était point créancier hypothécaire ou ne l'était que postérieur en date, il pouvait, encore, repousser l'action quasi-Servienne en opposant le *beneficium excussionis personale* qui consistait à exiger que le créancier poursuivant attaquât en premier lieu le débiteur. Ce n'était là, on le voit, qu'un moyen de défense le plus souvent dilatoire. Du reste, il ne fut introduit que par Justinien, en l'année 535 (2). — Il était une autre exception, susceptible celle-ci d'être opposée tant par le débiteur que par le tiers acquéreur. Il s'agit du *beneficium excussionis reale*. Pour l'appliquer, il faut

---

(1) L. 12, D. qui potiores.
(2) Nov. 4, chap. 2.

supposer une hypothèque générale consentie en même temps qu'une hypothèque spéciale, le tout au même créancier. Ce dernier se voyait contraint, par l'exercice de ce bénéfice, à exercer tout d'abord son hypothèque spéciale. — Le conflit du *beneficium excussionis reale* et du *personale* pouvait donner lieu à des questions délicates qui ne rentrent pas dans le cadre de notre thèse.

Si aucune des exceptions précédentes ou des quelques autres (1) que nous négligeons n'était oppo le, le *Judex* pour obéir aux termes de la formule : « .... *Nisi arbitratu tuo Numerius Negidius Aulo Agerio restituat aut pecuniam solvat, quanti ea res erit tanti Numerium Negidium Aulo Agerio condemna, si non paret absolve,* » condamnait le possesseur à des dommages-intérêts, si toutefois ce dernier ne préférait abandonner la possession ou payer, c'est-à-dire exécuter l'*arbitrium*.

Il pouvait même faire un paiement plus avantageux, en réclamant au créancier hypothécaire qu'il désintéressait la cession de ses actions. C'était là exercer le *jus offerendæ pecuniæ*, aussi nommé *jus succedendi*. Si le créancier se refusait à faire cette cession, il voyait son action quasi-servienne repoussée par une exception de dol (2). — S'il obtempérait, le possesseur lui était subrogé, mis en son lieu et place.

Supposons le créancier rentré en possession grâce à l'action quasi-Servienne. — Et, d'abord, s'il n'était pas *antiquior creditor*, l'action quasi-Servienne intentée contre lui par un créancier antérieur en date amenait sa dépossession, à moins qu'il ne consentit pour rester en possession à exercer son *jus offerendæ pecuniæ*. Ce même droit exercé contre lui, sous le couvert de l'action quasi-servienne, par un créancier postérieur en date, l'obligeait

----

(1) L. 20, § 2, D. de pign. et hyp. — L. 44, § 1, D. 39, 2.
(2) L. 12, § 1, D. quib. mod. pign. et hyp. solv.

encore à abandonner le gage. — Mais admettons que rien ne vint troubler sa possession. Aucun obstacle dès lors ne l'empêchait de procéder à la vente, toutefois il restait maître de se borner à l'exercice de son droit de rétention. — S'il poursuivait la vente ; il devait l'opérer de gré à gré, à l'amiable, mais pas avant d'avoir fait trois dénonciations au débiteur. — Nous avons vu que dans le *pignus* ces trois dénonciations cessèrent de bonne heure, d'être exigées. Il n'en fut pas de même dans l'hypothèque. La raison en est bien simple ; La dépossession que subissait le débiteur dans le *pignus* le tenait continuellement en éveil sur le péril du non paiement à l'échéance, tandis que le débiteur hypothécaire n'était que trop porté à ne plus songer à une vente qu'aucun indice matériel ne lui rappelait.

Justinien fit pénétrer là aussi, son esprit d'innovation, en réduisant à une seule les trois dénonciations ; mais il eût soin de compenser ce résultat défavorable au débiteur en ordonnant que la vente n'aurait lieu que deux années après l'unique dénonciation. — Les parties, du reste, avaient le droit de régler d'avance la manière dont la vente se ferait. Leur volonté était toute puissante pour cela. Quant à la convention de ne pas aliéner, il n'en était pas de même ; elle avait pour unique effet de rendre nécessaires les trois dénonciations. — Si aucun acquéreur ne se présentait, l'empereur était libre, après l'expiration de deux nouvelles années, d'accorder au créancier la propriété de l'objet hypothéqué ; propriété limitée puisque pendant deux ans, encore, le débiteur conservait la faculté de reprendre sa chose, moyennant le payement de la dette (1).

Ajoutons que la vente avait lieu complétement en dehors de la surveillance des créanciers hypothécaires posté-

_____

(1) L. 3, § 1, C. de jure domin. impetr.

rieurs, si intéressés, cependant, à voir la vente produire
un prix excédant le montant de la dette du créancier poursuivant. S'ils redoutaient une collusion, le *jus offerendœ
pecuniœ* leur permettait de remplir le rôle de vendeur.

La vente du gage a eu lieu, que va-t-il advenir ? — Le
créancier hypothécaire vendeur touche le prix, se paie
jusqu'à concurrence de sa créance, et restitue l'excédant
au débiteur ou à un autre créancier hypothécaire postérieur en date. — Mais tout n'est, peut-être, pas fini.
Sans doute, si le créancier hypothécaire vendeur est
l'*antiquior creditor*, tout est terminé. L'acquéreur du
gage est désormais à l'abri d'une éviction amenée par
l'exercice d'un droit de suite; et, en fait, l'immeuble est
délivré de toutes les hypothèques. — Les créanciers hypothécaires postérieurs, qui antérieurement à la vente pouvaient prendre la place de l'*antiquior creditor*, sont
maintenant complétement privés du *jus succedendi*. Tout
est bien fini.

Quand la vente a été faite par un créancier autre que
l'*antiquior creditor*, elle est certainement valable; mais
l'acquéreur reste exposé à se voir évincé par tout créancier
hypothécaire antérieur à celui qui a vendu. Aucun moyen
n'existe pour lui de sortir de cette position affreusement
précaire. Les hypothèques n'étant soumises à Rome à aucune publicité; la purge, dont celle-ci est la base, n'existe
pas même à l'état de germe. Sans doute, l'acquéreur peut,
en désintéressant l'*antiquior creditor*, consolider son
titre; mais outre que ce sera, le plus souvent, ajouter un
second prix au premier déjà payé, il s'expose même à ne
faire qu'un acte inutile, car rien ne lui prouve que le
créancier qu'il désintéresse soit bien le plus ancien. Comment savoir si, le lendemain de ce second paiement, il ne
faudra point en venir à un nouveau sacrifice pour raffermir un titre toujours aussi branlant. On le voit, cet état
d'indécision, n'a, en réalité, que deux issues possibles :

1° la *præscriptio longi temporis* nécessitant l'expiration
d'un délai de trente années, ou bien, 2° l'éviction : Une
longue incertitude ou la plus malencontreuse fin.

Dans l'hypothèse de l'éviction amenée par la poursuite
d'un autre créancier hypothécaire, l'acquéreur peut recourir non-seulement contre le débiteur par l'action *ex
empto* donnée *utilitatis causa* (1), jusqu'à concurrence
du dommage causé (2), mais encore contre le créancier
hypothécaire vendeur par une action ordinaire de garantie
(*ex empto*). — Rien de plus juste, en effet, quand l'éviction
résulte d'un défaut de droit chez le créancier, défaut qui
peut consister soit en l'absence d'une constitution valable
d'hypothèque, soit dans la non-priorité du rang de l'hypothèque valablement constituée, que de déclarer ce dernier tenu à la garantie (3). A l'inverse, si l'éviction provient de l'absence du droit de propriété chez celui qui
a constitué l'hypothèque, le créancier hypothécaire vendeur n'est nullement soumis au recours en garantie, à
l'exception, cependant, du cas où il se serait rendu coupable de dol (4).

Ainsi, malgré la vente, les créanciers hypothécaires
antérieurs en date au vendeur conservent leurs droits
complétement intacts. Il n'y a de changé que la personne
sujet passif de l'action quasi-Servienne. Le droit de suite
est tout aussi efficace. — Ces luttes entre acheteur et
créancier hypothécaire peuvent se répéter plusieurs fois
avant que l'intervention de l'*antiquior creditor* vienne
tout terminer d'une manière définitive.

De cet exposé sommaire, il résulte que le droit de suite

(1) L. 74, § 1, D. 21, 2.
(2) L. 24, pr. D. 78, 7.
(3) L. 1, C. 8, 40.
(4) L. 11, § 10, D. 19, 1. — Voyez, en outre, Labbé, de la garantie,
revue pratique, t. 10.

et le droit de préférence ne s'exerçaient pas isolément, séparément comme en droit français ; mais qu'au contraire, le plus souvent, une question de droit de préférence se vidait en même temps que le débat sur la possession, autrement dit sur le droit de suite. Il n'en était différemment que si le possesseur n'avait pas la qualité de créancier hypothécaire. — Un défaut bien apparent de cette manière de procéder, c'est qu'il était impossible de trancher d'un seul coup toutes les questions de préférence. Le résultat de chaque exercice de l'action quasi-Servienne était relatif, restreint aux deux personnes en cause. A l'égard de tous les autres créanciers hypothécaires que rien n'appelait au conflit, la chose jugée ne pouvait avoir aucune autorité.

Toutefois, ce mal n'eût pas été bien grand si les créanciers hypothécaires, avertis par avance de l'ordre des hypothèques, avaient pu calculer les chances de la poursuite. Malheureusement, aucune publicité n'était appliquée aux droits réels ; et, dès lors, tout créancier poursuivant intentait son action sans seulement savoir si le possesseur ne le primait pas. Une fois en possession, il continuait à ignorer s'il était le créancier *antiquior*. Enfin, après la vente, sa position était tout aussi mauvaise, car l'action quasi-Servienne était remplacée, quant à lui, par un recours en garantie au profit de l'acquéreur.

Cette absence de publicité avait encore pour conséquence forcée d'empêcher le créancier de pouvoir s'éclairer, au moment de la constitution de l'hypothèque, sur la position du débiteur. Il prévoyait le danger ; mais, quant à la connaître d'une façon précise, cela lui était impossible. Cette situation tendait à éloigner les capitaux du prêt sur hypothèque ; et, ainsi, l'institution imaginée dans le but d'augmenter le crédit, de lui permettre de franchir les limites étroites du *pignus*, échouait complètement à cause du vague et de l'inconnu qui l'accompagnaient.

Le *pignus*, quand il existait seul comme élément de

4

crédit, donnait au créancier une sûreté réelle. Sans doute, le débiteur d'une faible somme ne tirait qu'un parti incomplet de sa chose; mais, du moins, il en pouvait toujours profiter dans une certaine limite. Dès que l'hypothèque exista parallèlement au *pignus*, ces deux institutions se nuisirent mutuellement; et tout homme sage, prévoyant des hypothèques là où il n'en existait aucune, fut amené à refuser même une faible somme à celui qui lui offrait en garantie une chose de grande valeur. Par ce doute qu'on laissait planer sur l'existence des hypothèques, on était arrivé à mettre un propriétaire dans la triste position de ne tirer aucun parti, absolument aucun parti de sa chose, dans l'intérêt de son crédit.

L'hypothèque ne bornait pas son action désastreuse à ruiner le crédit qu'elle était destinée à étendre; elle venait encore gêner la circulation des biens, les mutations de propriété. Comment oser acheter une chose alors qu'on était dans l'impossibilité de savoir si elle était libre d'hypothèques, c'est-à-dire de causes d'éviction. Acheter pour se faire évincer, la belle avance! D'ailleurs, l'éviction n'intervenant, le plus souvent, qu'après le paiement du prix, causait à l'acquéreur une grande perte que le recours en garantie ne parvenait pas toujours à combler. Du jour où l'hypothèque fut admise, l'antique sécurité de la propriété fut sacrifiée; et tout homme prudent, ce qui revient à dire tout homme riche, dût fuir avec soin toutes les transactions relatives au transfert de la propriété.

Ce second effet fâcheux de l'hypothèque venait aggraver le premier. Moins aurait importé, en effet, qu'un propriétaire ne trouvât pas à emprunter, s'il eût pu réaliser la valeur de ses biens en les vendant. Il aurait obtenu, par voie détournée, les capitaux que la voie directe ne pouvait lui donner. Mais l'entrave, apportée par l'hypothèque à la circulation des biens, venait lui enlever plus ou moins cette ressource. A quelle mince valeur se trouvait réduit le crédit de chacun!

La situation hypothécaire romaine, déjà si mauvaise par suite du défaut de publicité, était encore empirée par la manière dont la vente du gage avait lieu. Cet inconvénient n'apparaît isolé, dégagé de tout autre que si l'on suppose l'*antiquior creditor* vendeur. Les créanciers postérieurs, sûrement primés par lui, ne comptaient, dans ce cas, que sur l'excédant dont la quotité dépendait beaucoup de son bon ou mauvais vouloir. Seul, il poursuivait la vente ; il l'opérait secrètement loin de la surveillance des autres créanciers. Combien il lui était facile de colluder avec l'acheteur, ou plutôt de négliger de retirer de la chose un prix supérieur à sa créance !

Justinien, outre les réformes déjà mentionnées, en apporta une dernière qui vint augmenter la confusion du régime hypothécaire. En l'année 531, une Constitution (1) très connue sous le nom de loi *Assiduis* conféra à l'hypothèque tacite de la femme un privilège tel qu'elle primait toutes les autres hypothèques même antérieures en date. « *Potiora jura contra omnes habere mariti creditores, licet anterioris sint temporis privilegio vallati.* » — À la suite de cette singulière réforme qu'on attribue à des intrigues de palais, la position des créanciers hypothécaires n'était plus tenable. Aucune précaution n'était possible, car il ne s'agissait plus seulement de connaître la solvabilité présente, chose difficile cependant, on avait encore à redouter l'avenir.

En résumé, défaut de sécurité pour les créanciers, pour les acquéreurs, et, par voie de conséquence, suppression du crédit ; tel est, en traits un peu assombris, le régime hypothécaire romain.

Et, cependant, toutes ces conséquences fâcheuses ne sont pas inhérentes à la nature de l'hypothèque, et proviennent seulement du défaut de publicité. Se rapprocher

---

(1) L. 12, C. qui potiores, 8, 18.

de notre système français, rendre l'hypothèque publique, c'est en faire une institution éminemment favorable au crédit. Le propriétaire reste alors en possession de sa chose, en tire tout le parti possible. Il se procure, moyennant le simple abandon d'une partie de son *jus abutendi*, des capitaux qui peut-être doivent servir justement à améliorer les objets hypothéqués. Quant à son *jus fruendi*, il peut aussi, mais à la condition de se priver de la possession, le faire concourir par l'antichrèse à l'extension de son crédit. — La publicité vient permettre aux hypothèques et autres droits réels de coexister, de s'accumuler sur un même objet, sans grands risques pour les titulaires qui, au moment de la constitution de leurs droits, peuvent connaître toutes les charges déjà existantes, les additionner, établir un rapport entre leur somme et la valeur de l'objet et voir si le crédit de leur futur débiteur n'est pas complément épuisé. On arrive ainsi au but poursuivi, à donner au crédit exactement les limites du droit de propriété dont il est la manifestation.

DROIT FRANÇAIS

De l'adjudication après surenchère du dixième sur aliénation volontaire.

Le législateur, désireux de procurer au créancier une garantie sérieuse, a réuni plusieurs droits constituant chacun une sûreté, et a donné à cet ensemble le nom de droit d'hypothèque ou de privilége. — C'est ainsi, qu'au droit de saisir et vendre, droit appartenant, d'ailleurs, à tout créancier même simplement chirographaire, il a joint le droit de préférence. Protégé, par là, contre le concours des créanciers dépourvus de garantie, le créancier hypothécaire restait encore exposé à voir ces causes d'avantage anéanties par les aliénations de l'immeuble hypothéqué émanées du débiteur. — L'adjonction du droit de suite aux deux droits précédents est venue les compléter, en assurer la *perpétuité*, par la possibilité de poursuivre l'immeuble hypothéqué entre les mains des tiers détenteurs.

Constitué par la réunion de ces droits élémentaires, le droit d'hypothèque offre au créancier une garantie suffisante, placée en dehors de l'influence des actes et de la volonté du débiteur. Il est cependant facheux que le législateur n'ait pu doter le droit d'hypothèque de la *perpétuité* qu'en supprimant chez le propriétaire de l'immeuble hypothéqué une faculté corrélative, le droit de disposer de sa chose d'une façon définitive.

Si la loi eût restreint les issues du droit de suite au délaissement, à la saisie et au paiement intégral de la dette, ce tiers détenteur circonscrit entre ces trois moyens d'action eut soigneusement évité les voies ordinaires d'acquisition et se fut rejeté sur l'achat à suite d'expropriation forcée qui, en éteignant le droit de suite, laisse toute sécurité. L'inconvénient eût été grand. La circulation des biens ne pouvant plus s'effectuer que par les expropriations forcées eût été entravée. — Combien, sous un pareil régime, on se serait éloigné de cet idéal qui consiste à mobiliser la propriété foncière, au point que sa transmission soit aussi facile que celle du papier de commerce. —

Par l'institution de la purge, le législateur a procuré au tiers détenteur soumis à l'exercice du droit de suite la faculté d'offrir aux créanciers hypothécaires une somme qu'il juge représentative de la valeur de l'immeuble, et de les mettre ainsi en demeure ou d'accepter cette somme, moyennant le paiement de laquelle l'immeuble sera libéré de toutes les hypothèques qui le grèvent, ou de surenchérir du dixième, c'est-à-dire de s'engager à vendre aux enchères l'immeuble à un prix supérieur d'un dixième à la somme offerte.

Les avantages que le tiers détenteur trouve à purger sont nombreux. En purgeant, il peut, sans être obligé à délaisser, à se priver de la possession de l'immeuble, provoquer la mise à exécution immédiate du droit de suite et imposer, ainsi, une fin à sa position précaire. — En outre, il trouve dans la nécessité pour le créancier de porter la surenchère au moins à un dixième du prix, la presque certitude de voir ses offres acceptées, si toutefois elles sont égales à la valeur réelle de l'immeuble, tandis qu'en sens inverse les créanciers hypothécaires sont, par la faculté de surenchérir, protégés contre les simulations d'une partie du prix. — Il faut, donc, voir dans la purge une heureuse institution qui équilibre, limite l'un par l'autre, les droits respectifs des créanciers hypothécaires et du tiers détenteur; institution tout à l'honneur de notre droit moderne, car la législation romaine n'offrait rien de semblable.

Nous n'examinerons qu'un côté bien restreint de la purge : *Les effets et la nature de l'adjudication après surenchère du dixième sur aliénation volontaire.*

Le droit coutumier nous présente dans les décrets volontaires un acte juridique analogue à la purge. Le tiers détenteur pouvait éteindre les hypothèques de l'immeuble acquis, en se le faisant adjuger par décret après une saisie fictive. Ce décret, nommé volontaire, était soumis aux formes des décrets forcés. — Seules, les hypothèques affirmées par une opposition *à fin de conserver,* n'étaient pas éteintes par le décret et donnaient droit au prix d'acquisition. Ce prix était partagé entre les créanciers hypothécaires opposants, suivant l'ordre de leurs droits réels. Si, après cette collocation, un excédant existait, il appartenait au vendeur et par suite à ses créanciers chirographaires de même qu'à ses créanciers hypothécaires non opposants et dès lors déchus de leurs droits réels. — Entre eux, la distribution se faisait au marc le franc.

Dans le cas où le prix était supérieur au montant des créances opposantes, aucune difficulté ne s'élevait; l'héritage n'était point *crié,* et le décret volontaire d'adjudication n'était que la confirmation du titre primitif d'acquisition qui, ainsi, continuait à être la source du droit de propriété du tiers détenteur. Mais quand le prix de la première acquisition ne suffisait pas à désintéresser tous les créanciers opposants, chacun d'eux pouvait porter

une enchère supérieure au prix. L'effet de cette enchère
était de transformer le décret volontaire en décret forcé.
Les criées étaient, dès lors, obligatoires. Sur l'adjudication,
l'immeuble pouvait être acquis soit par un tiers, soit par
l'acquéreur *enchéri*; mais, fait à noter, dans les deux
cas l'adjudication constituait un acte principal d'aliénation.
Alors même qu'elle était prononcée au profit du tiers
détenteur dernier enchérisseur, elle formait non un simple
acte confirmatif de la première aliénation, mais bien un
acte isolé, indépendant, et duquel, désormais, le tiers
détenteur tenait ses droits. — Cela ressort, avec évidence,
de ce passage de Pothier (1) : « Et si l'acquéreur, ayant
été le dernier enchérisseur, est lui-même adjudicataire de
l'immeuble hypothéqué, ce sera en vertu de cette acquisition qu'il le retiendra, plutôt qu'en vertu du titre de
son contrat d'acquisition. »

Cette doctrine du droit coutumier contraste fortement
avec celle de notre droit actuel qui ne voit, dans l'adjudication prononcée au profit de l'acquéreur surenchéri dernier enchérisseur, qu'un simple acte confirmatif.

L'édit du mois de juin 1771 supprima les décrets volontaires, ou plutôt les transforma en lettres de ratification.
Le titre d'acquisition du tiers détenteur était tenu public
durant deux mois ; les créanciers hypothécaires devaient
former opposition sous peine de voir, à l'expiration de ce
temps, leurs hypothèques anéanties par la délivrance des
lettres de ratification. — Pendant le même délai, tout
créancier légitime privilégié, hypothécaire ou même chirographaire avait le droit de frapper le prix d'acquisition
d'une surenchère du dixième, et même du vingtième si une
première surenchère avait déjà été faite. — Cette surenchère n'entraînait pas forcément réquisition de mise aux
enchères. L'acquéreur surenchéri pouvait conserver l'im-

(1) Introd. au tit. XXI de la cout. d'Orléans.

meuble *en parfournissant le plus haut prix* produit par les surenchères. Mais, s'il redoutait en agissant ainsi, de payer l'immeuble au delà de sa valeur, il était maître de provoquer l'adjudication.

Quant aux effets de cette adjudication, ils sont les mêmes que ceux du décret volontaire converti en décret forcé à suite d'enchères des créanciers. Du reste, la jurisprudence n'eut pas le temps de se former sur cette délicate question, car la loi du 9 messidor an III vint poser les bases de la *purge* qui fut complétement constituée par la loi du 11 brumaire an VII.

Les dispositions de cette loi sont en beaucoup de points conformes aux prescriptions de l'édit de 1771. Des innovations sont introduites cependant. Ainsi le droit de surenchérir est désormais restreint aux seuls créanciers inscrits; en outre, la surenchère entraîne forcément l'adjudication. Entre la loi du 11 brumaire an VII et le code il s'écoule seulement cinq années; c'est dire l'impossibilité où l'on est de découvrir dans une jurisprudence très incomplète une théorie sur les effets de l'adjudication. théorie qu'on ne peut, d'ailleurs, faire découler des termes de la loi très obscurs sur ce point.

Des dispositions de cette loi afférentes à notre sujet, la seule qui différât de la législation actuelle, c'était la faculté laissée au créancier serenchérisseur de n'être, dans le cas où aucune enchère ne se produisait dans l'adjudication, considéré comme adjudicataire qu'autant qu'il le requérait. En l'absence de réquisition à cette fin, il était seulement tenu, à l'égard des autres créanciers, du montant de la surenchère et des frais.

Au premier abord, le cadre de notre thèse paraît bien restreint, mais il s'élargit singulièrement si on considère combien de personnes juridiques différentes, d'intérêts variés peuvent être atteints et modifiés par les effets de cette cause unique : l'adjudication. C'est ainsi que nous aurons à rechercher successivement les effets de l'adjudi-

cation après surenchère du dixième sur aliénation volontaire à l'égard de l'adjudicataire, de l'acquéreur surenchéri,
de l'aliénateur primitif, du débiteur personnel de la dette
hypothécaire, et, enfin, des créanciers hypothécaires.

Au début de la matière, il est essentiel de faire une distinction profonde entre le cas où l'adjudication a été
prononcée au profit d'un tiers autre que l'acquéreur surenchéri et le cas où l'acquéreur surenchéri s'est porté
lui-même adjudicataire.

CHAPITRE PREMIER.

L'adjudicataire est un tiers autre que l'acquéreur surenchéri.

SECTION I

De la nature de l'adjudication dans ce cas.

Avant de passer en revue et d'analyser les différents effets de l'adjudication toute particulière dont nous nous occupons, il est indispensable de se fixer sur sa *nature* même, et, pour cela, de se demander si cette adjudication résout ou maintient le contrat d'acquisition, si elle est simplement *translative* du droit de l'acquéreur surenchéri, ou bien, tout à la fois, *résolutoire translative*, c'est-à-dire résolutoire du droit de propriété de l'acquéreur surenchéri et translative au profit de l'adjudicataire de la propriété replacée par la résolution sur la tête de l'aliénateur primitif.

Si on admet la résolution du titre de l'acquéreur surenchéri, l'adjudicataire et l'aliénateur primitif se trouvent placés en face l'un de l'autre, dans des relations d'auteur à ayant-cause. L'acquéreur surenchéri disparaît rétroactivement; il est présumé n'avoir jamais été propriétaire de l'immeuble adjugé. C'est de l'aliénateur primitif que l'adjudicataire tient directement, immédiatement son droit.

Il en est bien différemment si l'on adopte le maintien du titre de l'acquéreur surenchéri. Celui-ci s'interpose entre l'aliénateur primitif et l'adjudicataire. Il a reçu la propriété de l'aliénateur primitif, l'a conservée jusqu'au jour de l'adjudication, moment où il la transmet à l'adjudicataire dont il se trouve ainsi l'auteur direct.

Par ce qui précède on a pu voir l'importance doctrinale de la question de savoir si le jugement d'adjudication après surenchère du dixième sur aliénation volontaire est, de sa nature, simplement translatif ou, à la fois, résolutoire et translatif. Et qu'on n'aille pas croire que, dans l'espèce, l'intérêt doctrinal soit isolé d'un grand intérêt pratique. Chaque solution de la question débattue entraîne, en effet, à sa suite un certain nombre de conséquences importantes, très pratiques et, le plus souvent, différentes de celles amenées par une solution contraire.

Beaucoup d'opinions, les unes savantes, sérieuses, les autres tout au plus singulières se sont produites dans ce débat. — Toutes les solutions possibles ont été présentées ; il ne s'agit, donc, plus de créer, mais bien de choisir et de mettre en lumière, dans la mesure de nos forces, la doctrine vraie.

Il semblerait logique de commencer la discussion des diverses opinions par l'exposé et le développement des arguments qui militent en faveur de chacune d'elles ; mais la clarté si essentielle dans une question si complexe nous oblige à examiner, d'abord, les conséquences spéciales entraînées par l'admission des principaux systèmes ; — L'étrangeté, le défaut de logique de plusieurs de ces conséquences nous serviront, en effet, d'arguments ; et, dès lors, comment bien saisir un argument dont la base ne serait point encore connue. — Cet exposé nous fixera, en outre, sur l'importance de la question en faisant voir les résultats pratiques et importants entraînés par l'adoption ou le rejet de la résolution.

§ 1er

L'adjudication n'empêche pas le titre originaire d'acqui-
sition de valoir. -- Conséquences spéciales.

Parmi tous les systèmes en jeu, celui que nous allons
examiner en premier lieu se prononce pour le maintien
du titre d'acquisition de l'acquéreur surenchéri. Que ce
dernier le veuille ou ne le veuille point, son droit de propriété est maintenu dans le passé et sert d'assise immédiate à celui de l'adjudicataire. Ainsi, loin d'être
résolu par l'adjudication, l'acte d'acquisition originaire
se perpétue en servant de cause au droit de l'adjudicataire. En tenant compte de la première aliénation
intervenue entre l'aliénateur primitif et l'acquéreur surenchéri, ou se trouve en présence de deux mutations
successives du même immeuble : celle qui a rendu le tiers
détenteur propriétaire et l'adjudication qui dépouillant,
pour l'avenir seulement, celui-ci de son droit, le confère
à l'adjudicataire. — Quoique étayé sur de puissantes raisons, ce système a contre lui presque toute la jurisprudence, et n'a encore rallié qu'une faible minorité d'auteurs
parmi lesquels on doit surtout citer Vernet et MM. Aubry
et Rau (1).

Conséquences spéciales à ce système.

I° Le droit de propriété de l'acquéreur surenchéri continuant à subsister dans le passé, depuis la première

_____

(1) Vernet, Revue pratique, t. 20. — Duvergier, voir Dalloz. — Aubry
et Rau sur Zach., t. II, n° 294.

aliénation jusqu'à l'adjudication, il faut reconnaître à cet acquéreur le droit de garder les fruits. Il les a perçus comme propriétaire ; c'est à ce titre qu'il les a acquis et qu'il les conserve (art. 540 C. civ.)

On doit, toutefois, admettre qu'il acquiert seulement les fruits perçus antérieurement à la sommation de délaisser ou de payer, et dans le cas de purge non précédée par cette sommation, ceux dont la perception est antérieure à la réquisition de la mise de l'immeuble aux enchères. Cette doctrine résulte de l'art. 2170 qui ajoute que la seule échéance, sans poursuites nouvelles, d'un délai de trois années à dater de la sommation suffit à faire disparaître, même dans le passé, les effets de la mise en demeure. — Cette péremption de plein droit prononcée par l'art. 2170 à l'encontre de la sommation de délaisser, est une dérogation à la règle que le bénéfice d'une péremption ne s'acquiert que par une demande en justice (art. 399 C. pr.)

Les fruits perçus postérieurement à l'époque indiquée plus haut sont immobilisés au profit des créanciers hypothécaires, c'est-à-dire que le prix provenant de leur vente est distribué par ordre d'hypothèque.

Cependant, certains auteurs s'appuyant sur les termes de l'art. 682 C. pr. ont prétendu reculer l'époque de l'immobilisation. Selon eux, la sommation de délaisser a simplement pour effet d'obliger le tiers détenteur à restituer les fruits, et, comme, d'après ces mêmes auteurs, l'immobilisation n'a lieu qu'en vertu de la transcription de la saisie (682), les fruits perçus pendant l'intervalle de temps compris entre la sommation de délaisser et la transcription de la saisie, seraient distribués au marc le franc entre les créanciers inscrits.

Comment ne pas être choqué d'un résultat aussi bizarre que l'est une distribution au marc le franc entre les seuls créanciers hypothécaires qui, grâce à cette théorie, puiseraient sans leur *hypothèque* le droit à une *distribution*.

— Sans recourir à cette singulière combinaison, on peut dire que l'antinomie apparente des art. 2176 et 682 C. pr. disparaît si on admet que chacun s'applique à une hypothèse différente. Cette interprétation, loin d'être gratuite, est commandée par les termes mêmes de la loi qui dans l'art. 2176 ne parle que du tiers détenteur, tandis que dans l'art. 682 elle dit expressément que la saisie a été pratiquée sur le débiteur personnel. — Ainsi, à notre avis, les fruits dus par le tiers détenteur sont immobilisés par la sommation de délaisser, tandis que ceux produits par l'immeuble appartenant au débiteur personnel ne le sont qu'à partir de la transcription de la saisie. — Sans doute, la raison de distinguer entre ces deux cas est difficile à apercevoir. Il semble, même, qu'à faire une distinction, on devrait l'admettre toute dans l'intérêt du tiers détenteur, au lieu de favoriser le débiteur personnel ainsi que le fait l'art. 682. Mais les textes sont formels et imposent la distinction.

Le titre de propriété de l'acquéreur surenchéri n'étant frappé d'aucune résolution produit toutes les obligations susceptibles d'en découler. Si la première aliénation est une donation avec charges, nul doute que les charges ne doivent être exécutées. De même, s'il s'agit d'une vente, les obligations imposées au vendeur et à l'acheteur persistent. Parmi elles nous nous bornerons à citer l'obligation de payer le prix et les intérêts du prix. L'art. 1652 C. civ. décide que si la chose vendue a été livrée les intérêts du prix étant la représentation de la jouissance de cette chose doivent être servis. L'acquéreur surenchéri garde les fruits, il doit, donc, payer les intérêts du prix de vente, et il ne saurait se libérer de cette obligation par la restitution des fruits. Mais l'obligation de payer les intérêts touvant sa cause dans la jouissance de la chose vendue, il s'ensuit qu'elle est éteinte par la suppression de la jouissance, amenée par la sommation de délaisser ou de payer. *Cessante causâ, cessat effectus.*

2° L'acquéreur surenchéri est resté propriétaire jusqu'à l'adjudication, et, dès lors, y a joué le rôle de vendeur. En conséquence, c'est à lui qu'est dû l'excédant du prix d'adjudication sur le montant des sommes dues aux créanciers hypothécaires. — Il va sans dire que pour en obtenir le paiement il jouit du privilége, du droit de rétention et du droit de résolution qui compètent à tout vendeur. En outre, il peut, en cas de non paiement du prix, poursuivre la revente de l'immeuble à la folle enchère de l'adjudicataire.

3° Durant l'intervalle de temps compris entre la première aliénation et l'adjudication, il a pu constituer valablement des droits de privilége et d'hypothèque sur l'immeuble adjugé.

Avant la loi du 23 mars 1855, les titulaires de ces droits d'hypothèque pouvaient prendre inscription non seulement après l'adjudication jusqu'à la transcription du jugement; mais encore pendant quinze jours à dater de cette transcription. Cette latitude leur était concédée par les articles 834 et 835 C. Proc., aujourd'hui abrogés par l'art. 6 de la loi de 1855. — En résumé, la position des créanciers hypothécaires, avant cette loi, était différente suivant qu'il s'agissait de la constitution de l'hypothèque ou de l'inscription du droit déjà constitué. La constitution du droit n'était possible que jusqu'à l'adjudication; l'inscription, au contraire, pouvait être prise tant qu'un délai de quinze jours postérieur à la transcription du jugement n'était pas écoulé.

La loi du 23 mars 1855 a profondément, et à tous les points de vue, modifié cette situation. Et tout d'abord, le droit d'hypothèque peut être constitué postérieurement à l'adjudication tant que le jugement n'est pas transcrit. Seule, en effet, la transcription enlève, au regard des tiers, la propriété à l'acquéreur surenchéri. Les droits d'hypothèque constitués antérieurement à ce moment

ont, donc, une base sûre : la propriété du constituant.
— Quant à l'inscription, elle est, sous le régime nouveau,
assimilée à la constitution du droit et, comme elle,
limitée par la transcription du jugement.

Les créances hypothécaires existant sur l'immeuble
adjugé, du chef de l'acquéreur évincé, seront, évidemment, primées par les créances constituées sur le même
immeuble par l'aliénateur primitif, et, ainsi, ne bénéficieront que de l'excédant du prix d'adjudication sur le
montant des sommes dues aux créanciers hypothécaires
du chef de l'aliénateur primitif.

4° L'adjudication constitue une mutation parfaitement
indépendante de la première aliénation, et, dès lors, le
droit de mutation payé par l'acquéreur surenchéri ne
dispense pas l'adjudicataire d'en payer un nouveau.

M. Vernet s'ingénie à prouver que les deux mutations
n'entraînent qu'un seul droit. A l'appui de cette opinion,
il cite l'art. 2188 qui, d'après lui, en obligeant l'adjudicataire à indemniser l'acquéreur surenchéri, montre que le
premier acte d'aliénation n'a pas ce caractère définitif
nécessaire, cependant, pour entraîner la perception d'un
droit de mutation. A cela nous répondons : Il est impossible d'admettre l'art. 2188 comme preuve de caractère
non définitif du premier acte d'aliénation, sans reconnaître par cela même que cet acte est résoluble. S'engager
dans cette voie, c'est aller forcément jusque-là, et, certes, M. Vernet qui a si bien soutenu le système du
maintien aurait refusé de l'abandonner ainsi. Quant à
l'iniquité qu'il y aurait, d'après cet auteur, à percevoir
deux droits de mutation, pourquoi s'y arrêter dans le cas
de surenchère, alors que la loi n'en tient aucun compte
dans le délaissement et la saisie? Mais M. Vernet prétend
trouver une raison majeure de distinguer entre les deux
hypothèses, en ce que dans le délaissement et la saisie,
les deux droits de mutation sont supportés par deux

5

personnes différentes, tandis que l'adjudicataire après surenchère les subit tous deux. Cette différence lui paraît enlever toute valeur à l'argument d'analogie. — Singulière erreur. Jamais l'adjudicataire ne supportera qu'un seul droit, car la perspective de deux droits de mutation à payer diminuera forcément le prix d'adjudication; et comme cette diminution retombera sur les créanciers hypothécaires, un des deux droits sera, en définitive, à leur charge.

5° Les deux aliénations ne se nuisant mutuellement pas, il en résulte que si la première est une vente, nous aurons deux obligations de garantie; la première contre l'aliénateur primitif au profit de l'acquéreur surenchéri titulaire aussi de la seconde dirigée contre l'adjudicataire.

C'est là pour ce dernier une position bien différente de celle que lui fait, au même point de vue, le système de la résolution. Dans cette opinion, comme nous le verrons bientôt, la garantie lui est due par l'aliénateur primitif, c'est-à-dire par un homme très probablement insolvable. Combien préférable est sa situation dans le système du maintien. Il a, d'abord, une créance directe de garantie contre l'acquéreur surenchéri; de plus, il peut comme créancier, et par application de l'art. 1166, exercer l'action de garantie appartenant à ce dernier contre l'aliénateur primitif. Sans doute, il devra sur le produit de cette action subir le concours des autres créanciers chirographaires; aussi sa position sera-t-elle, encore, meilleure si, avec beaucoup d'auteurs, nous admettons qu'un second acheteur peut, *omisso medio*, exercer son recours en garantie contre le vendeur primitif, car, par là, se trouvera supprimé le concours des créanciers chirographaires du second vendeur.

6° Par suite du maintien de la première aliénation, sa transcription ne cesse de produire ses effets utiles. — D'autre part, l'adjudication prononcée au profit d'un

tiers autre que l'acquéreur surenchéri est translative
d'un droit de propriété et, à ce titre, soumise à la
transcription. Les deux aliénations nécessitent, donc,
deux transcriptions distinctes.

Les ayant-cause de l'aliénateur primitif ne peuvent
opposer le défaut de transcription du jugement d'adjudication, la transcription du titre de l'acquéreur surenchéri
leur ayant déjà enlevé tout droit sur l'immeuble. — Seuls,
les ayant-cause de ce dernier peuvent s'en prévaloir,
de même que seuls les ayant-cause de l'aliénateur primitif ont le droit de tirer parti de la non-transcription
de la première aliénation.

Dans le cas où la transcription de l'adjudication a été
précédée par celle d'une autre aliénation consentie par
l'acquéreur surenchéri postérieurement à l'adjudication,
la purge qui doit se terminer par le paiement du prix
suivra son cours naturel. Si le prix a déjà été payé, l'immeuble est purgé; s'il est encore dû, les créanciers peuvent
en exiger le paiement en vertu des obligations nées de
l'adjudication qui reste valable nonobstant l'éviction dont
la cause lui est postérieure.

M. Vernet juge cette purge nulle : il ne voit dans le
paiement fait aux créanciers hypothécaires qu'un paiement avec subrogation, qui donne à son auteur, l'adjudicataire évincé, le droit de se faire colloquer au rang des
créanciers hypothécaires désintéressés par lui, sur le prix
de la seconde adjudication amenée par la nouvelle purge
à laquelle peu procéder l'ayant-cause de l'acquéreur
surenchéri. — Nous ne pouvons, à l'inverse de l'opinion
du savant auteur, admettre, dans le cas actuel, la nullité
de la purge comme nous l'admettrions si, par application
de l'art. 1599 C. Civ., l'adjudication était nulle pour avoir
porté sur la chose d'autrui. Mais, dans l'espèce, les
créanciers hypothécaires du chef de l'aliénateur primitif
ont vendu une chose appartenant réellement à l'acquéreur
surenchéri, c'est-à-dire à celui qui joue le rôle de vendeur

dans l'adjudication ; ce n'est que postérieurement à cette dernière que l'objet adjugé est sorti du patrimoine de l'acquéreur surenchéri. Comment dire que l'adjudication n'est point valable ; et, si elle l'est, comment refuser au palement de son prix la vertu de purger tous les priviléges ou hypothèques inscrits sur l'immeuble adjugé. — Ainsi, à notre avis, l'acheteur évincé par une cause d'éviction personnelle à l'acquéreur surenchéri et postérieure à l'adjudication n'est point subrogé aux hypothèques des créanciers désintéressés, pour la bonne raison que ces hypothèques ont été éteintes par la purge.

Bien plus, comme la cause d'éviction est personnelle à l'acquéreur surenchéri et qu'elle est survenue en un moment où l'action des créanciers hypothécaires ne pouvait plus s'exercer et, dès lors, engager leur responsabilité, nous pensons qu'aucune obligation de restituer le prix ne peut les atteindre. — Ils n'ont reçu que ce qui leur était dû ; ils l'ont reçu en échange de leur droit réel qui a été purgé. Ils ont transmis au moment même de l'adjudication tout ce qu'ils s'étaient engagés à transmettre : le droit de propriété relative ; ils sont complétement étrangers à la nouvelle aliénation consentie par l'acquéreur surenchéri ; de quel droit, donc, les soumettrait-on à une *condictio indebiti*. — On le voit, d'après notre opinion, mais seulement dans l'espèce discutée, l'adjudicataire évincé, privé de la *condictio indebiti* à l'encontre des créanciers hypothécaires, n'a d'action en garantie que contre l'acquéreur surenchéri. Toutefois, ce dernier n'étant pas frappé de la présomption d'insolvabilité, comme l'aliénateur primitif, ce recours sera, le plus souvent, utile. Du reste, à qui la faute ? N'est-elle pas imputable dans une très-forte proportion à l'adjudicataire qui, au mépris de toute prudence, a trop longtemps différé la transcription.

Que faut-il décider si, dans les mêmes circonstances que précédemment, l'aliénation consentie par l'acquéreur surenchéri, au lieu de frapper la pleine propriété de l'immeuble, est restreinte à la constitution d'un droit d'usage d'habitation ou de servitude. — Nous adoptons, dans ce cas, une solution différente de celle exposée plus haut. L'adjudicataire, malgré le défaut de transcription du jugement, peut méconnaître, quelque transcrites qu'elles soient, les servitudes réelles et personnelles, l'usufruit excepté. — Sans doute, ce n'est point dans un droit de propriété absolu, opposable à tous même aux titulaires des droits réels en question, qu'il puise la faculté de méconnaître ces servitudes. — Le droit de propriété *erga omnes*, nous venons de le dire, fait défaut par suite de l'absence de transcription. Mais l'adjudicataire n'est pas seulement l'ayant-cause, relatif il est vrai, du propriétaire, c'est-à-dire de l'acquéreur surenchéri, il est, encore, celui des créanciers hypothécaires du chef de l'aliénateur primitif ; et c'est dans cette qualité qu'il trouve la faculté de ne point subir les droits réels susnommés. L'adjudication n'étant que le couronnement de l'exercice du droit de suite, une conséquence imposée au tiers détenteur mais toute volontaire de la part du créancier hypothécaire, on peut dire, avec raison, qu'en réalité l'adjudicataire est plus l'ayant-cause de ce dernier que de l'acquéreur surenchéri. — En sa qualité d'ayant-cause des créanciers hypothécaires, il jouit de leurs droits, parmi lesquels nous nous contenterons de mentionner le seul relatif à notre sujet, la faculté de ne point voir le gage diminué par la constitution des droits d'usage, d'habitation ou de servitude, soit que ces constitutions émanent du débiteur personnel propriétaire de l'objet hypothéqué, soit d'un tiers détenteur, et, comme conséquence de cette première faculté, celle de poursuivre la vente du gage sans tenir compte des droits réels constitués postérieurement à l'inscription des hypothèques.

Les créanciers hypothécaires auraient pu méconnaître les droits réels constitués avant l'adjudication, a *fortiori* l'adjudicataire pourvu de leurs droits, comme leur ayant-

cause, peut-il ne pas tenir compte des servitudes constituées postérieurement à la même époque.

Voilà les conséquences spéciales au système qui maintient dans le passé le titre d'acquisition de l'acquéreur
surenchéri. Quant à celles communes à tous les systèmes,
elles trouveront leur place plus naturelle dans les sections
que nous consacrerons à l'étude générale des effets de
l'adjudication après surenchère du dixième sur aliénation
volontaire.

§ 2.

L'adjudication résout le titre de l'acquéreur surenchéri. — Conséquences spéciales.

Nous arrivons au système de la résolution complète et
à l'égard de tous, c'est-à-dire à celui qui supprimant dans
le passé le titre d'acquisition du tiers détenteur évincé
rattache directement l'aliénateur primitif à l'adjudicataire
par une seule mutation. — Le jugement d'adjudication
produit ainsi un double effet ; il replace, rétroactivement la
propriété sur la tête de l'aliénateur primitif, et, en outre,
il la transfère pour l'avenir à l'adjudicataire. — On
exprime cela plus brièvement en appliquant à ce jugement la dénomination de *résolutoire-translatif*.

Conséquences spéciales.

1° La résolution qui vient rétroactivement frapper le
titre d'acquisition de l'acquéreur surenchéri détruit, par
voie de conséquence, toutes les obligations nées de ce titre.
Nous examinerons sous un paragraphe différent l'application de ce principe à l'obligation de garantie de l'aliénateur primitif.

L'obligation de payer le prix et les intérêts du prix est présumée n'avoir jamais été imposée à l'acquéreur surenchéri. Si, donc, avant l'adjudication, le prix, hypothèse d'ailleurs peu probable, ou les intérêts du prix ont été payés ; il y a lieu à répétition, à l'exercice d'une *condictio indebiti.*

FRUITS. — La résolution du titre entraine celle du droit de propriété de l'acquéreur surenchéri. En faut-il conclure qu'il n'a point acquis les fruits perçus par lui et que, dès lors, il doit les rendre. Cette conclusion serait prématurée, car la question se complique d'un nouvel élément. Il s'agit de savoir si son titre de propriétaire intérimaire ne lui donne pas le droit d'acquérir les fruits définitivement, de telle sorte que la résolution qui anéantit son droit de propriété sur l'immeuble ne puisse atteindre son droit sur les fruits. — Cette question vidée, nous aurons à appliquer dans l'espèce les effets de la bonne foi.

Le droit de propriété définitive fait défaut à l'acquéreur surenchéri, mais son droit à la propriété intérimaire subsiste dans le passé ; suffit-il à lui attribuer la propriété des fruits perçus *pendente conditione ?* La solution de cette question toute spéciale suppose résolue cette autre question, bien autrement générale, de savoir si, dans le cas d'une aliénation faite sous condition résolutoire, la réalisation de celle-ci emporte pour l'acquéreur obligation de restituer les fruits perçus.

Il suffit de jeter les yeux sur l'art. 1183 pour ne point douter de l'obligation de restituer. Cet article dit d'abord : « La condition résolutoire est celle qui lorsqu'elle s'accomplit, opère la révocation de l'obligation et remet les choses au même état que si l'obligation n'avait pas existé. » La seule manière de remettre les choses en cet état n'est-ce point d'exiger la restitution des fruits. — Cet article si clair, si accablant, suffirait à lui seul à prouver notre affirmation ; mais on peut ajouter : le droit aux fruits est un des éléments du droit de propriété ; la réunion des différents éléments d'un droit est le droit commun, elle s'impose à moins que la loi n'apporte une dérogation formelle ; et cette dérogation n'existe point. — Le législateur a, il est vrai, dans les art. 850, 928, 958, 962, 1673, 1682, apporté de nombreuses exceptions à la règle de la restitution des fruits. — Qu'importe ? le caractère tout spécial de ces dispositions ne permet pas de les placer en opposition avec la règle générale de l'art. 1183, d'évincer de leurs termes une autre règle générale. — D'ailleurs, dans toutes les espèces prévues par ces articles, on retrouve une résolution venant frapper un droit fortement établi, presque définitif, un acquéreur qui a eu de puissants motifs de croire à la perpétuité de son droit. Il subit une première perte presque imprévue en restituant l'objet ; ce serait vouloir le ruiner que l'obliger à une restitution de fruits consommés par lui, depuis longtemps, au fur et à mesure de ses besoins.

Ces principes établis, il faut en faire une application spéciale au cas d'adjudication après surenchère du dixième, et, par suite, imposer à l'acquéreur surenchéri l'obligation de restituer les fruits.

Le système contraire n'a été soutenu dans la doctrine que par M. Demante, mais quelques arrêts l'ont admis (1). — Le raisonnement par lequel l'arrêt de Bordeaux, du 11 juin 1845, motive sa décision, mérite d'être cité : « Attendu que l'adjudicataire ne devient propriétaire et possesseur que du jour de l'adjudication, et que ce n'est qu'à dater du même jour qu'il doit les intérêts du prix ; que, par suite de ce principe, si la chose vendue vient à périr ou à être détériorée après la surenchère et avant l'adjudication, c'est aux risques et périls de l'acquéreur ; que

<hr>

(1) Bordeaux, 11 juin 1845. — Id., 15 mars 1865. — Sur pourvoi civ. R. 19 av. 1865.

cette situation l'expose à de graves dangers; qu'il est donc
juste qu'il recueille les avantages d'une propriété dont il
supporte les charges... » La Cour n'arrive à la solution
précitée qu'en mettant les risques de l'immeuble adjugé à
la charge de l'acquéreur surenchéri, opinion fort contesta-
ble ainsi que nous le verrons plus loin, et qu'en supposant
une connexité nécessaire entre les risques et l'attribution
des fruits, connexité qui semble être à la cour un simple
cas d'application de la maxime : « *Eum sequi debent com-*
moda quem sequuntur incommoda. »

Nous admettons pour un instant l'opinion qui impose
les risques à l'acquéreur surenchéri, mais nous ne voyons
pas la raison d'être de la connexité établie par la Cour
entre les risques et les fruits. Aucun texte, aucun article
n'en parle, ne la suppose ; et, en cela, le Code ne fait que
suivre les errements de la doctrine romaine. — Ulpien
dans la loi 2, l. 18, t. 2, suppose une vente modifiée par
une *addictio in diem*. Après avoir montré comment cette
clause accessoire peut, suivant ses termes, affecter la
vente d'une condition suspensive ou d'une condition résolutoire ; il examine l'*emptio pura quæ sub conditione*
resolvitur, et met les risques à la charge de l'acquéreur.
Il ajoute, il est vrai, que ce même acquéreur gagne les
fruits ; mais la loi 2 de Paul vient compléter le texte
d'Ulpien et montre que la décision de ce jurisconsulte se
rapporte uniquement au cas où, la condition résolutoire ne
s'accomplissant pas, la vente devient pure et simple.

La loi 6, au même titre, prévoit l'hypothèse inverse,
l'accomplissement de la condition résolutoire « *sin reco-*
exstitit emptor posterior », et mentionne l'obligation
pour l'acquéreur sous condition résolutoire de restituer
les fruits : « *fructus refundere priorem debere constat.*
sed venditori. » — Quant aux risques, il n'y a pas, tout
au moins dans le cas d'*addictio in diem*, de distinction à
faire suivant que la condition se réalise ou ne se réalise
pas, puisque la perte de la chose empêche radicalement

l'accomplissement de la condition, la revente de l'objet à un prix supérieur.

La preuve est donc complète. En droit romain la charge des risques imposée à l'acquéreur sous condition résolutoire n'entraînait pas comme compensation l'acquisition des fruits. C'est qu'en effet, il est impossible d'admettre une compensation entre deux éléments aussi différents l'un de l'autre que les risques et les fruits. Ces derniers représentent une valeur réelle, certaine, mais minime par rapport au capital. Les risques, au contraire, sont une perte très aléatoire et qui embrasse le capital tout entier. Pourquoi, d'ailleurs, recourir à une compensation si défectueuse quand les intérêts du prix en offrent une facile, logique surtout si l'on admet le principe que les intérêts du prix sont l'équivalent des fruits et de la jouissance.

La question posée en droit français se présente sous le même aspect; aucun texte ne vient la modifier; elle doit donc recevoir la même solution.

Il va sans dire que la Cour de Bordeaux aboutit aussi, quant aux intérêts du prix à un résultat opposé au nôtre. L'aliénateur primitif privé de la jouissance et des fruits a, selon elle, le droit de retenir les intérêts du prix comme équivalent.

Nous devons rappeler ici ce que nous avons dit, en développant les conséquences du premier système, au sujet de l'obligation pour l'acquéreur surenchéri de restituer aux créanciers hypothécaires du chef de l'aliénateur primitif les fruits perçus postérieurement à la mise en action du droit de suite.

La bonne foi du tiers détenteur le dégage de l'obligation de restituer à l'aliénateur primitif les fruits perçus avant la sommation de délaisser ou la réquisition de mise aux enchères. Ce n'est qu'une application spéciale du principe général déposé dans l'art. 550. Dans l'espèce la bonne foi sera difficile à réaliser. Celui-là seul

possède de bonne foi qui détient comme propriétaire en
vertu d'un titre translatif de propriété dont il ignore les
vices. Les hypothèques dont l'immeuble est grevé sont de
véritables vices du titre translatif puisqu'elles peuvent
amener une éviction; or, difficilement le tiers détenteur
les ignorera; rarément il se montrera assez négligent
pour acquérir un immeuble sans avoir préalablement
réclamé du conservateur un état des inscriptions hypothécaires. Bien souvent, du reste, le contrat d'acquisition
les lui révèlera soit par une délégation du prix aux créanciers hypothécaires, soit encore par la fixation d'un délai
pour la purge. L'acquéreur surenchéri peut même, après
avoir eu connaissance des hypothèques au moment de
l'acquisition, être induit en erreur par la longue inaction
des créanciers hypothécaires et, ainsi, croire le débiteur
personnel libéré au moyen de ses propres deniers. Cette
erreur serait la bonne foi. — Quand, grâce à elle, les fruits
ne doivent point être restitués, ils sont compensés par
le service des intérêts.

Les fruits d'un immeuble ont ordinairement une valeur
inférieure aux intérêts du prix. L'acquéreur surenchéri
bénéficiera donc, le plus souvent, du jeu réciproque des
deux obligations de restituer. Il peut, cependant, se présenter des cas où, soit parce que les intérêts du prix
auront été fixées conventionnellement à un taux très bas,
soit parce que les fruits auront été très abondants, l'aliénateur primitif tirera profit de l'échange. — Si le contrat
eût été maintenu, l'acquéreur surenchéri aurait chaque
année, jusqu'à l'époque du paiement du capital du prix,
bénéficié de l'excédant des fruits sur les intérêts. La résolution vient lui enlever cet excédant produit par l'accomplissement régulier du contrat et lui causer ainsi un
véritable dommage. Comme, d'autre part, cette résolution
provient de la faute où, tout au moins, de la négligence
de l'aliénateur primitif qui a retardé le paiement des
créances hypothécaires et facilité, par là, l'éviction, il

faut appliquer l'art. 1184. L'acquéreur évincé, s'il a déjà restitué les fruits, peut donc demander à être indemnisé de la perte de l'excédant ; et, si la restitution n'a point encore eu lieu, il repoussera, par une exception de dol, toute demande tendant à lui enlever la différence entre les fruits et les intérêts du prix.

Tout ce que nous avons dit relativement aux fruits est applicable aux produits de l'immeuble dépourvus du caractère de fruits et à la portion du trésor attribuée par l'art. 716 au propriétaire du fonds.

RISQUES. — En discutant l'arrêt de la Cour de Bordeaux, nous avons, pour les besoins de la discussion, supposé tranchée, dans un sens défavorable à l'acquéreur surenchéri, la question des risques. Nous allons maintenant examiner plus longuement cette importante question.

La place naturelle de cette discussion est parmi les conséquences spéciales au système de la résolution. Seul, en effet, l'anéantissement du contrat rend douteux le point de savoir qui, de l'acquéreur surenchéri ou de l'aliénateur primitif, doit supporter les risques. Dans le système du maintien, comment douter que, pendant le temps compris entre la première aliénation et l'adjudication, l'acquéreur surenchéri, à la fois propriétaire et possesseur de l'immeuble hypothéqué, doive en supporter les risques (1).

La difficulté ne porte que sur la perte totale. Quant aux pertes partielles, aucun doute ne peut s'élever, quelque soit le système adopté sur le maintien ou la résolution du titre de l'acquéreur surenchéri. Elles doivent toujours, du

(1) La question, cependant, pourrait s'élever et même être tranchée, dans certains cas du moins, à l'encontre de l'aliénateur primitif, si l'on adoptait, sur la nature de l'hypothèque, l'opinion si habile et si ingénieuse que M. Cairal a mise au jour dans sa thèse de doctorat (Toulouse, 1870), p. 110.

moins quand elles proviennent de cas fortuits, être mises
à la charge de l'aliénateur primitif.

La question qui s'agite au sujet des risques dans l'adjudication après surenchère n'est autre que la question
générale des risques en matière d'aliénation sous condition résolutoire. C'est à ce point de vue général que nous
nous plaçons.

La grande majorité des auteurs met, dans tous les cas,
la perte totale à la charge de l'acquéreur sous condition
résolutoire. Le système soutenu par MM. Duranton et
Larombière (1) nous semble préférable. Il consiste à faire
supporter à l'aliénateur la perte survenue *pendente conditione*, mais seulement quand la condition se réalise.
L'art. 1183 nous semble formel en ce sens. N'y lit-on pas
que la condition résolutoire lorsqu'elle s'accomplit remet
les choses au même état que si la convention n'avait pas
existé ? En l'absence de la convention, la propriété n'aurait
pas cessé de reposer purement et simplement sur la tête
de l'aliénateur qui dès lors aurait supporté les risques.
Voilà l'état auquel la résolution de la convention nous
ramène. — L'application strictement logique des principes du droit nous amène encore à cette même solution.
Supposons, en effet, une convention synallagmatique, une
vente, par exemple, faite sous condition résolutoire; deux
obligations en résultent. Ces deux obligations conditionnelles se servent mutuellement de cause. Au moment où
la condition résolutoire se réalise, les deux obligations
ont déjà été exécutées; elles doivent donc donner lieu
à deux obligations de restituer les choses livrées en
exécution des engagements, choses qui maintenant,
se trouvent avoir été livrées sans cause. Ainsi, les
deux obligations de restituer ne se servent pas mutuellement de cause mais découlent chacune de la ré-

(1) Duranton, t. II, n° 91. — Larombière, sur l'art. 1183, n° 85.

solution de l'une des deux obligations conditionnelles.
Cela bien établi, comment ne pas admettre que quand
la chose vendue, objet de l'obligation de restituer imposée à l'acheteur, vient à périr, et que par suite cette
obligation se trouve éteinte (1302), l'obligation imposée au vendeur de restituer le prix n'en subsiste pas
moins, puisque sa cause, résidant dans la résolution de
l'obligation conditionnelle de l'acheteur de payer le prix,
ne lui fait pas défaut. — Nous voilà donc arrivés, par un
raisonnement que nous croyons logique, à imposer au
vendeur sous condition résolutoire l'obligation de restituer le prix, quoique la chose vendue ne puisse pas lui
être rendue, c'est-à-dire à mettre les risques à sa charge.
— Ce qui est vrai pour le vendeur, l'est aussi pour tout
autre aliénateur sous condition résolutoire.

Nos adversaires produisent bien haut, à l'appui de leur
système, un argument qui consiste à dire : L'acquéreur
sans condition résolutoire est, en même temps, débiteur
sous condition suspensive de l'objet acquis ; or la loi, dans
l'art. 1182, met les risques à la charge du débiteur sous
condition suspensive. — On ne peut méconnaître la similitude existant entre l'aliénateur sous condition résolutoire
et l'acquéreur sous condition suspensive ; mais la réalisation de la condition amène entre eux une différence profonde qui ne permet pas d'appliquer au premier la règle
édictée par l'art. 1182 en faveur du second. — Par la réalisation de la condition suspensive, l'acquéreur obtient
une propriété qu'il n'avait pas avant ; au contraire, l'accomplissement de la condition résolutoire ne fait que
raffermir sur la tête de l'aliénateur un droit déjà existant ; elle fait simplement présumer qu'il n'a jamais
cessé d'être propriétaire. On doit comprendre que l'effet
produit par la réalisation de la condition suspensive étant
translatif d'un droit, on ait exigé l'existence de la chose
au moment où il se produit ; et que, par suite, on ait mis
les risques courus *pendente conditione* à la charge de

l'aliénateur. Il eût été trop dur pour l'acheteur d'avoir à payer le prix d'une chose dont il n'aurait plus pu obtenir la propriété. Dans l'hypothèse de la condition résolutoire, la position de l'aliénateur est bien différente ; la résolution ne produit qu'un effet confirmatif d'une propriété antérieure. Quelle impossibilité juridique y a-t-il à ce que cet effet rétroactif se produise en un moment où l'objet a cessé d'exister ? — Du reste, l'aliénateur sous condition résolutoire est bien moins digne d'intérêt que l'acquéreur sous condition suspensive, puisque en l'absence de la convention il aurait eu aussi à supporter la charge des risques.

Quant aux textes du droit romain cités par nos adversaires, ils ne prouvent absolument rien car ils sont relatifs à la *lex commissaria* et à l'*addictio in diem*, hypothèses dans lesquelles la réalisation de la condition est empêchée par la perte de la chose, de telle sorte que toutes les fois que la question des risques s'élèvera la condition ne pourra pas se réaliser et l'on se trouvera, par suite, en présence de l'acquéreur devenu propriétaire pur et simple. Dans ces termes, la question ne peut évidemment qu'être tranchée dans un sens défavorable à l'acquéreur. Ces exemples discutés par les jurisconsultes sont donc exceptionnels ; comment, dès lors, serait-il légitime d'en déduire une théorie générale.

Nous appliquons spécialement au cas d'adjudication après surenchère du dixième la solution que nous venons d'adopter ; et, par l'imposition des risques à l'aliénateur primitif, nous faisons produire au système de la résolution une conséquence différente de celle qui y correspond dans le système du maintien.

ACTES D'ADMINISTRATION. — Pour qui se prononce en faveur du maintien du titre de l'acquéreur surenchéri, aucun doute ne peut s'élever sur la validité des actes d'administration émanés de ce dernier.

Dans le système de la résolution, quelques rares auteurs appliquant strictement le principe *resoluto jure dantis, resolvitur jus accipientis*, prétendent que la résolution du droit de propriété doit embrasser les actes d'administration auxquels ce droit sert de base. — C'est là, croyons-nous, interpréter judaïquement la maxime citée. Du reste, cette interprétation serait-elle rationnelle, elle devrait néanmoins s'effacer devant ces termes de l'article 1183 : « Elle (la condition résolutoire) ne suspend point l'exécution de l'obligation..., elle oblige seulement le créancier à restituer ce qu'il a reçu. » Il est difficile de ne point voir dans ce texte la preuve d'une distinction profonde établie par la loi entre les actes de disposition et ceux d'administration. Quelle peut être cette distinction, si ce n'est la validation des uns et l'invalidation des autres. — La théorie que nous attribuons à la loi, a reçu d'elle maintes applications. C'est ainsi que l'article 1673, à propos du pacte de rachat, fait la distinction sus-énoncée. La situation de l'acquéreur surenchéri et celle de l'acheteur dépossédé par l'exercice d'un pacte de rachat sont analogues et doivent, en conséquence, être régies de la même manière. — On ne peut contester, enfin, que la solution contraire arrive à la suppression de toute culture.

La question devient un peu plus sérieuse si on la restreint aux *baux*. Ainsi circonscrite, elle peut s'élever même dans le système du *maintien*.

Les auteurs (1) qui ne veulent point reconnaître à l'acquéreur surenchéri le droit de consentir définitivement les baux, quelle que soit leur durée, invoquent les termes suivants de l'article 837 C. Pr. « Dans le même délai l'acte d'aliénation sera déposé au greffe et tiendra lieu de minute d'enchère. » N'est-ce pas là, disent-ils, la preuve que, d'après la loi, l'immeuble hypothéqué doit se retrouver

_____

(1) M. Paignon, t. I, p. 234, n° 185.

au moment de l'adjudication dans le même état de disponibilité qu'à l'époque de la première aliénation. Les baux portent atteinte à cette disponibilité ; on doit, donc, les considérer comme inexistants. — La raison d'être, continuent-ils, de la disposition de l'article 837, est facile à comprendre. La loi veut placer les droits des créanciers hypothécaires au-dessus, hors de l'atteinte des actes soit du débiteur personnel, soit des tiers détenteurs. Pour arriver à ce but, elle a institué le droit de suite ; mais cela ne suffisait pas à mettre le gage des créanciers hypothécaires complétement à l'abri, car le tiers détenteur restait maître de diminuer par la constitution d'un bail la disponibilité de l'immeuble hypothéqué, autrement dit, d'empêcher la vente de produire un prix rémunérateur, peu d'acquéreurs se souciant de subir la présence d'un fermier qu'ils n'ont pas choisi. — L'impossibilité pour l'acquéreur surenchéri de consentir des baux définitifs, écarte cet inconvénient et complète ainsi le droit de suite.

La réponse est facile. — L'article 837 reçoit de nos adversaires une interprétation par trop extensive du sens de ses termes qui veulent seulement dire que le prix et les autres charges ou conditions de l'adjudication après surenchère du dixième doivent être empruntés à la première aliénation. Comment comprendre que le législateur ait déposé, en termes ambigus, dans un article relatif aux *formes* de l'adjudication, une disposition de *droit pur* touchant la capacité juridique de l'acquéreur surenchéri.

On ne peut contester que, pour ceux qui admettent la résolution, l'analogie soit complète entre l'acquéreur surenchéri et l'acheteur à réméré, et que, pour les partisans du *maintien*, la position du premier soit de beaucoup préférable à celle du dernier; il faut, donc, appliquer à tous la disposition finale de l'article 1673 : « Il est tenu d'exécuter les baux faits sans fraude par l'acquéreur.»

8

Nous avons hâte de reconnaître que la capacité de l'acquéreur surenchéri ne s'étend pas aux baux dépassant les limites ordinaires. Ce sont de véritables actes de disposition ; et la loi du 23 mars 1855 les a considérés comme tels en les soumettant à la transcription. Quant aux baux faits frauduleusement, ils font aussi exception à notre règle.

2° La seconde conséquence spéciale au système de la résolution, c'est l'attribution à l'aliénateur primitif de l'excédant du prix d'adjudication sur le montant des créances hypothécaires inscrites de son chef. Sa chose, en effet, a été l'objet de la vente, et, dès lors, c'est en qualité de vendeur qu'il a droit au prix.

3° L'aliénateur primitif demeure propriétaire jusqu'au moment de l'adjudication, et peut, en conséquence, constituer valablement des droits d'hypothèque sur l'immeuble adjugé ; il a ce droit jusqu'à la transcription du jugement D'ailleurs, quant aux limites imposées à la faculté d'inscription, et aux réformes apportées par la loi du 23 mars 1855, il nous suffit de renvoyer à ce que nous en avons déjà dit au sujet des conséquences du système du maintien.

Si parmi les créanciers hypothécaires de l'aliénateur primitif, antérieurs à la transcription de la première aliénation, il en est dont les droits n'étaient pas encore inscrits au moment de cette transcription, ils bénéficieront de tout le délai accordé aux créanciers hypothécaires de l'aliénateur primitif postérieurs à cette même époque. Comme ces derniers, ils seront libres de prendre inscription jusqu'à la transcription du jugement d'adjudication.

Ce résultat, très favorable aux créanciers primitivement négligents et qui longtemps auront dû croire à la perte de leur gage, ne nuit cependant pas aux créanciers dont la vigilance a requis inscription antérieurement à la première aliénation et s'est ainsi assurée le bénéfice de la maxime : « *potior tempore, potior jure.* » Il n'en est pas de même si on suppose des créanciers privilégiés anté- rieurs à la première transcription, mais dont le droit n'a été inscrit que pendant le délai supplémentaire dont les fait bénéficier la résolution. — Si ce délai n'était survenu, les créanciers hypothécaires en règle pour l'inscription ne subissaient pas la préférence des privilèges non-ins- crits. Ils ont même dû compter sur ce résultat ; le droit de suite ne se terminant pas toujours par une adjudica- tion après surenchère du dixième. Cette renaissance des privilèges les trompe cruellement dans leur attente ; la loi, cependant, peut, sans injustice, la leur imposer puisque le bénéfice espéré se basait non sur un droit mais sur la né- gligence d'autrui.

Il faut même étendre cette doctrine aux créanciers privilégiés dont la constitution du droit est postérieure à la transcription de la première aliénation. — C'est cepen- dant un résultat excessif par rapport aux créanciers hy- pothécaires inscrits antérieurement à cette formalité, créanciers qui ont pu rester dans l'inaction, négliger de saisir l'immeuble immédiatement parce qu'ils croyaient leur rang définitivement fixé par la première transcription dont l'effet était d'empêcher tout nouveau privilège de venir frapper l'immeuble. — Une conséquence rigoureuse ne suffit pas à anéantir un principe ; aussi le droit de pri- vilège viendra-t-il primer les créances primitivement ins- crites.

Ce qui est vrai des hypothèques conventionnelles, l'est aussi des hypothèques légales ou judiciaires nées et ins- crites, ou seulement inscrites du chef de l'aliénateur primitif dans l'intervalle compris entre les deux trans- criptions.

Les solutions inverses des précédentes doivent être appliquées aux hypothèques conventionnelles, judiciaires, légales constituées ou subies par l'acquéreur surenchéri. Tous ces droits réels sont complétement nuls.

4° La résolution nous laisse en présence d'une seule mutation opérée par l'adjudication entre l'aliénateur primitif et l'adjudicataire. Un seul droit de mutation est dû ; il l'est par l'adjudicataire. Si un premier droit a déjà été payé pour l'aliénation résolue, le fisc devra imputer les sommes déjà payées, sur le droit dû par l'adjudicataire ; sauf bien entendu recours contre ce dernier au profit de l'acquéreur surenchéri. Ce recours est spécialement mentionné dans l'art. 2188.

5° Une conséquence incontestable de la résolution, c'est que la garantie due à l'adjudicataire le sera par l'aliénateur primitif.

Presque tous les auteurs partisans de la résolution (1), mettent, dans le cas où la première aliénation est une vente, une seconde garantie, à la charge de l'aliénateur primitif, celle-ci due à l'acquéreur surenchéri. — Cette théorie paraît à M. Vernet anti-juridique (2). — Comment admettre, en effet, qu'une vente unique, l'adjudication, donne naissance à deux obligations de garantie à l'encontre d'un seul vendeur ; que, bien plus, l'une de ces garanties soit due à une personne complétement étrangère à l'adjudication, à l'acquéreur surenchéri. — Si l'on nous répond que l'on ne fait produire à l'adjudication qu'une seule garantie, celle au profit de l'adjudicataire ; et que la garantie due à l'acquéreur surenchéri dérive de la première vente ; nous objecterons que le raisonnement n'est pas meilleur puisqu'on donne pour source à cette obligation une vente complétement résolue, présumée inexis-

(1) Delvincourt, t. III, p. 574. — Duranton, t. 20, p. 409. — Troplong, t. 4. — Dalloz, V° vente publique d'immeubles.
(2) Revue pratique, t. XX.

tante. Quand la cause est résolue, sur quel principe de droit s'appuierait-on pour maintenir l'effet? Cette obligation de garantie a existé, c'est vrai, mais son existence est aujourd'hui rétroactivement effacée.

La résolution de la première vente provient de la faute de l'aliénateur primitif, de sa négligence à éteindre les hypothèques grevant l'immeuble vendu, alors que, cependant, son obligation de garantie lui en faisait un devoir. Cette résolution, dit-on dans l'opinion contraire, n'est-elle pas une cause suffisante pour engendrer une garantie au profit de l'acquéreur surenchéri? — Nous reconnaîtrons, bientôt, qu'il y a là, en effet, une cause productive d'obligation à l'encontre de l'aliénateur primitif: obligation d'indemniser l'acquéreur du dommage qui lui est causé; mais ce n'est point une garantie proprement dite. — Cette dernière ne peut dériver que d'une vente; l'action *ex emplo* présuppose nécessairement une *emptio*; dans l'espèce il n'y a jamais eu vente, puisque la résolution a passé par là: comment, dès lors, parler de garantie. — Les auteurs du système contraire font ainsi une confusion entre une action de garantie complétement résolue et une action en indemnité qui justement trouve son origine dans cette résolution.

Nous avons déjà vu sous le n° 1 que l'acquéreur surenchéri a une *condictio indebiti* à l'effet d'obtenir la restitution du prix et des intérêts du prix, indûment payés par suite de l'anéantissement de la vente. Il faut ajouter que l'éviction sous forme de résolution peut lui causer des dommages dépassant la valeur du prix; ce qui arrivera toutes les fois que l'immeuble aura augmenté de valeur depuis la vente. Ces dommages proviennent, nous l'avons vu, de la faute ou plus exactement de la négligence de l'aliénateur primitif qui, dès lors, tombe sous l'application de l'art. 1383, c'est-à-dire voit sa responsabilité engagée. — Ainsi, voilà l'acquéreur surenchéri privé de son action de garantie par la résolution, mais pourvu, par elle aussi,

1° d'une action en restitution du prix et des intérêts du prix ; 2° d'une action en indemnité établie par l'art. 1383, et qui vient compléter la première.

La saine application des principes nous amène à cette solution qui, d'ailleurs, a des analogues dans la loi. C'est ainsi que, par application de l'art. 1184, la partie contractante qui a violé un contrat synallagmatique est exposée à voir l'autre partie en demander la résolution. Si nous supposons une vente ; cette résolution amènera la suppression rétroactive de l'obligation de garantie et la naissance d'une action en dommages, venant compléter une action en restitution du prix. — L'art. 1184 est formel : « ..... où d'en demander la résolution avec dommages et intérêts. » — L'art. 1599 nous présente, dans la vente de la chose d'autrui faite de bonne foi, un cas analogue. Ici la vente n'est pas résolue, mais bien, nulle de plein droit *ab initio*. Qu'importe, la nullité et la résolution accomplie ne produisent-elles pas des effets identiques ?

Quant à l'étendue de l'action en indemnité compétant à l'acquéreur surenchéri, elle sera égale à celle qu'aurait eue l'action de garantie si l'anéantissement du contrat ne l'eût supprimée. Il faudra, donc, pour connaître les dommages dont l'aliénateur primitif est responsable, appliquer les art. 1631-2-3-4-5 C. C. civ.

Si l'adjudication à suite de surenchère ne porte que sur une partie de l'immeuble, la résolution de la première aliénation, dans la proportion de l'éviction, ne fait pas de doute. Quant à la portion de l'immeuble non englobée dans l'adjudication, la première aliénation tient, à moins toutefois que l'art. 1636 soit applicable. C'est-à-dire que, si la portion adjugée est relativement au tout de telle conséquence que la vente n'eût point eu lieu sans elle, l'acquéreur surenchéri pourra demander la résolution de la vente. — En résumé, dans certains cas d'éviction partielle, nous avons une résolution de plein droit pour la portion adjugée et une résolution facultative pour le reste de l'immeuble.

L'acquéreur surenchéri, ainsi que nous venons de le voir, est créancier de l'aliénateur primitif pour le prix déjà payé et pour les dommages excédant le prix; mais le paiement de sa créance ne sera point aisé. — Sur le prix d'adjudication, il sera primé par tous les créanciers hypothécaires du vendeur originaire; peu importe qu'ils soient antérieurs ou postérieurs à la transcription de la première aliénation. Bien plus, il n'a pas un droit exclusif à l'excédant du prix sur les sommes dues à ces créanciers. Il peut, sans doute, le saisir-arrêter entre les mains de l'adjudicataire, mais la même faculté appartient à tous les créanciers chirographaires de l'aliénateur primitif. Les sommes saisies-arrêtées devront être distribuées, au marc le franc, entre tous les créanciers chirographaires saisissants.

On voit combien est mauvaise, dans le système de la résolution, la position de l'acquéreur surenchéri, simple créancier chirographaire de l'aliénateur primitif dont l'insolvabilité est rendue probable par les poursuites des créanciers hypothécaires. — M. Vernet propose un moyen ingénieux qui permettrait à l'acquéreur surenchéri d'éviter une position si peu sûre. — L'acheteur s'obligerait à purger dans un certain délai, et stipulerait, pour le cas de surenchère du dixième suivie d'adjudication, à titre de dommages-intérêts, l'excédant du prix d'adjudication sur celui de sa propre acquisition. Le vendeur concèderait, pour cet excédant, une hypothèque que l'acquéreur ferait inscrire au moment même de la vente. De plus, ce dernier stipulerait que les intérêts du prix ne seraient dus qu'après l'expiration, sans qu'il y eut surenchère, du délai de quarante jours après les notifications à fin de purge.

6° Nous avons vu que, dans le système de la non-résolution, seuls les ayant-cause de l'acquéreur surenchéri peuvent opposer le défaut de transcription du jugement d'adjudication. Quant aux ayant-cause de l'aliénateur primitif, ce droit ne leur compète nullement. Dans le système de la résolution, au dire de quelques auteurs, notamment de M. Mourlon (1), il en est bien différemment puisque seuls les ayant-cause de l'aliénateur primitif, en règle pour la transcription de leurs droits, peuvent opposer à l'adjudicataire le défaut de transcription du jugement. — Les ayant-cause de l'acquéreur surenchéri, par suite de l'extinction rétroactive de leurs droits amenée par celle du droit de leur auteur, sont, incontestablement, privés de la faculté d'opposer le défaut de transcription du titre de l'adjudicataire, quelque transcrits que soient leurs propres titres; car la transcription, institution juridique destinée à cimenter, à compléter un droit, suppose tout d'abord l'existence de ce droit, sa nonrésolution.

M. Vernet repousse cette doctrine et soutient que, semblables aux ayant-cause de l'acquéreur surenchéri, ceux de l'aliénateur primitif, quoiqu'ils aient fait transcrire leurs titres antérieurement à la transcription du jugement d'adjudication, ne peuvent les faire prévaloir sur ce dernier. — Pour motiver ce résultat bizarre, qui enlève, quant à l'adjudication, toute sanction à l'obligation de transcrire les actes translatifs de propriété, il fait dire à l'adjudicataire, en réponse aux prétentions des ayant-cause de l'aliénateur primitif arguant du défaut de transcription : « Vous avez traité avec un propriétaire » sous condition suspensive; mais la condition qui devait » le rendre propriétaire rétroactivement était précisément » l'événement qui devait, pour l'avenir, m'investir de la » propriété; il ne pouvait redevenir propriétaire que pour

(1) Mourlon, Traité de la transcription, t. I.

» cesser immédiatement de l'être à mon profit ; donc, de
» deux choses l'une : ou la condition suspensive dont était
» affecté le droit de propriété de celui avec lequel vous
» avez traité n'est pas accomplie, ou si elle l'est (ce qui est
» vrai), c'est moi qui suis propriétaire. »

Certes, ce système est habile ; cependant nous le croyons
erroné. — M. Vernet est arrivé au résultat que nous com-
battons, par suite d'une confusion entre, d'une part, la
réalisation de la condition suspensive, autrement dit la
cause de la résolution du droit de l'acquéreur surenchéri,
et, d'autre part, la transmission de la propriété de l'immeuble à l'adjudicataire. — A ce dernier, leur disant l'argument précédent, les ayant-cause de l'aliénateur primitif répondront avec raison : « Sans doute, tant que la
condition suspensive dont est affecté le droit de notre
auteur n'est pas accomplie, nos droits restent *in pendenti* ;
toutefois cette condition se réalise par la simple adjudication, indépendamment de toute transcription. Dès que la propriété relative, n'existant qu'à l'égard de notre auteur, vous
est transférée, la condition est accomplie, et nos droits sont
consolidés. Ces droits, nous les avons transcrits, ils vous sont
donc opposables, car votre propriété relative n'y fait pas
obstacle, le défaut de transcription nous permettant ainsi
qu'à tous de ne pas la subir. Il est vrai que, par cela seul
que nous prétendons la condition réalisée, nous reconnaissons la transmission, à votre profit, d'une propriété,
mais seulement d'une propriété relative, n'existant qu'à
l'égard de l'aliénateur primitif et non point au nôtre. Nous
restons, ainsi, maîtres de puiser dans sa non-transcription le droit de n'en pas tenir compte. » Nous nous rallions
donc à l'opinion soutenue par M. Mourlon, et nous admettons le droit pour les ayant-cause de l'aliénateur primitif,
en règle sur la transcription de leurs titres, d'opposer à
l'adjudicataire le défaut de transcription du jugement.

Nous venons de terminer l'exposé des conséquences spéciales aux deux systèmes de la résolution et du maintien

du titre de l'acquéreur surenchéri. Il existe plusieurs autres systèmes; mais ils arrivent aux mêmes conséquences en modifiant toutefois leur disposition relative. Nous étudierons ces particularités en développant chacune de ces opinions.

§ 3.

Discussion des deux premiers systèmes.

Nous pouvons maintenant aborder la discussion des deux opinions dont nous venons d'étudier les conséquences.

Système de la résolution.

Les auteurs qui voient dans l'adjudication une cause de résolution du titre de l'acquéreur surenchéri, trouvent leur principal argument dans les termes de l'art. 2188. — Nous nous permettons de citer le texte même de l'article, cause de toute la discussion : « L'adjudicataire est tenu, au delà du prix de son adjudication, de restituer à l'acquéreur ou au donataire dépossédé les frais et loyaux coûts de son contrat, ceux de la transcription sur les registres, ceux de notification et ceux faits par lui pour parvenir à la revente. » — C'est, on le voit, de la manière la plus complète que l'acquéreur surenchéri est rendu indemne par l'adjudicataire. Que conclure du fait qu'il ne supporte aucune partie des frais de son contrat, sinon que ce contrat est résolu. Comment admettre, quand un titre d'acquisition est maintenu, quand il produit ses effets et donne naissance à des obligations ou à des droits entre les parties contractantes, que les frais en doivent être supportés par un étranger, l'adjudicataire, et non par l'acquéreur, partie contractante ?

Sans doute, si la totalité du prix d'adjudication était toujours employée au paiement des créanciers hypothécaires du chef de l'aliénateur primitif, la règle de l'art. 2188 s'expliquerait, indépendamment de toute résolution, par cette considération, que l'acquéreur surenchéri ne retirant absolument aucun avantage de l'existence de son titre ne peut, sans injustice, en supporter les frais. — Mais il arrive souvent que le prix d'adjudication dépasse le montant des sommes inscrites sur l'immeuble antérieurement à la première aliénation ; et cet excédant, en l'absence de toute résolution, profite nécessairement à l'acquéreur surenchéri soit directement, soit indirectement en le libérant des créances hypothécaires grevant de son chef l'immeuble adjugé. Ce bénéfice peut même être très considérable ; et alors quelle raison donner de la règle édictée par l'art. 2188 ?

Qu'on nous permette une espèce qui fera voir jusqu'à quel point sont illogiques et iniques les conséquences du système du maintien combiné avec la disposition de l'art. 2188. — Supposons un immeuble hypothéqué à une dette de 60,000 fr. Au moment où le tiers détenteur en acquiert la propriété, le prix ne s'élève qu'à 55,000 fr. Une cause étrangère au tiers détenteur, par exemple l'établissement d'un chemin de fer dans les environs, vient donner à cet immeuble une valeur de 100,000 fr. que l'on réalise par l'adjudication après surenchère du dixième. — Les créanciers hypothécaires inscrits avant la première transcription prennent 60,000 fr. Quant aux 40,000 fr., reste du prix, le système du maintien les attribue à l'acquéreur surenchéri. Si, maintenant, nous admettons que, la position financière de l'aliénateur primitif s'étant améliorée, le recours en garantie auquel il est soumis ait permis à l'acquéreur évincé de récupérer les 60,000 fr. payés aux créanciers hypothécaires ; il faudra reconnaître que ce dernier a retiré un bénéfice de 45,000 fr., de son titre d'acquisition en revendant 100,000 fr., ce qu'il avait payé 55,000. — Voilà une vente de laquelle le tiers détenteur évincé retire un très grand bénéfice et, cependant, il n'en supporte pas les frais. N'est-ce pas absurde ?

Ce défaut de logique sera plus évident encore si, au lieu de voir dans la première aliénation une vente, nous y voyons une donation. Dans ce cas, le bénéfice pour l'acquéreur surenchéri existera par cela seul que le prix de cette adjudication excédera le montant des sommes hypothécaires inscrites antérieurement à la transcription de la donation. Admettons l'existence de cet excédant, et nous avons un *donataire* profitant, partiellement, du moins, de sa donation et n'en payant pas les frais.

Il faut faire cesser cette situation irrationnelle imposée à l'acquéreur surenchéri. Un seul moyen existe ; c'est la résolution. En l'admettant, tous les résultats choquants disparaissent. On évite, d'abord, d'adopter la théorie anti-juridique d'un contrat qui subsiste, qui continue à produire ses effets, et dont aucune partie contractante ne supporte les frais. — Jamais, sans doute, l'acquéreur surenchéri ne paiera les frais, mais jamais aussi il ne bénéficiera du contrat dont un autre solde le coût. L'équité reçoit ainsi pleine satisfaction, et on conçoit, dès lors, que pour arriver à ce résultat désirable la loi ait prononcé la résolution.

Quand on compare les dispositions du chap. VI relatif à la saisie et au délaissement, à celles du chap. VIII spécial à la purge, on ne peut méconnaître chez le législateur l'intention de différencier les deux cas. C'est ainsi que la disposition de l'art. 2188 n'est pas reproduite au chap. VI, et nul ne soutient qu'elle doive être étendue à la saisie et au délaissement. — De même, la seconde disposition de l'art. 2177, qui, en accordant aux créanciers hypothécaires du chef du tiers détenteur le droit de se faire colloquer sur le prix de l'immeuble adjugé sur saisie ou sur délaissement, après les créanciers inscrits du chef des précédents propriétaires, prouve d'une façon évidente le maintien du titre de la première aliénation, n'est pas reproduite au chap. VIII.

Les partisans de la non-résolution voient, dans ce dernier cas, un oubli, et soutiennent que cette seconde disposition de l'art. 2177 doit, à l'instar du premier § du même article, être étendue au cas de purge. Pourquoi établir des différences entre deux omissions qui se présentent avec le même caractère? — A cela les résolutionnistes répondent : On pourrait facilement admettre cet oubli de la part du législateur, si l'art. 2188 ne venait donner à cette prétendue omission un caractère important. N'est-on pas en droit de dire : le titre d'acquisition est résolu, l'art. 2188 le prouve ; dès lors quoi de plus rationnel, de plus logique que la non-reproduction volontaire au titre de la purge d'une disposition qui suppose forcément le maintien. — Quant à l'argument d'analogie tiré du § premier, il perd toute valeur en présence de cette considération, que si l'on applique au cas de purge le principe du rétablissement des servitudes précédemment éteintes par la confusion, ce n'est point en vertu de ce § premier dont on généraliserait ainsi l'application, mais bien parceque ce rétablissement est une conséquence nécessaire de la résolution. L'aliénation de laquelle découle la confusion étant résolue, les servitudes doivent renaître. Point n'est besoin d'une disposition législative pour atteindre ce résultat: le simple jeu du principe de la résolution suffit à y conduire. — La reproduction du § 1 de l'art. 2177 était donc complétement inutile. Bien plus son absence concorde parfaitement avec le système qui repousse le maintien du titre. Ce § est, en effet, relatif au délaissement et à la saisie, et comme dans ces deux cas la résolution n'a évidemment pas lieu, il faut chercher ailleurs que dans cette dernière la cause de cette disposition légale. Le législateur ne pouvait, quand il développait dans le chap. VIII les conséquences de la résolution, viser ou rappeler le § 1 qui dans sa pensée est compatible avec le maintien du titre de l'acquéreur surenchéri.

Après avoir ainsi prouvé la légitimité des bases de leur argumentation fondée sur la comparaison des dispositions respectives des chap. VI et VIII (priviléges et hypothèques), les *résolutionnistes* la reprennent en disant : Nous avons au chap. de la purge des dispositions qui ne se retrouvent pas au chap. de la saisie ou du délaissement, et réciproquement : C'est la preuve évidente que le législateur ne fait pas produire aux trois issues du droit de suite des effets identiques. La différence dans les effets nous oblige à admettre des principes différents. Quel peut être le principe spécial à la purge et dont découlent ces conséquences particulières, sinon la résolution ?

On répond : Voir dans la diversité des dispositions légales la preuve de la résolution dans le cas d'adjudication après surenchère du dixième, et du maintien du titre dans la saisie et le délaissement, c'est attribuer au législateur une distinction sans raison d'être, lui faire établir des différences entre des cas identiques. La saisie, le délaissement et la purge sont chacun une conséquence particulière d'un droit unique, le droit de suite. Il faut, donc, en présence de l'identité des causes, présumer l'identité des résultats. Voilà le principe, la règle générale ; on dit que le législateur y a apporté une exception ; il le peut, c'est vrai ; cependant il n'agit pas sans motifs, et aucune raison de distinguer n'existe dans l'espèce.

Les résolutionnistes répliquent : Les motifs de distinguer ne font pas défaut. Les effets ne dépendent pas seulement des causes, mais aussi, et beaucoup, des circonstances au milieu desquelles la cause agit, ainsi que de la volonté, de l'intention de la personne qui exerce le droit. — Dans les cas de saisie et de délaissement, le créancier hypothécaire poursuit son gage dans le patrimoine du tiers détenteur, sans se préoccuper de l'acte juridique qui l'a fait sortir des mains du constituant. Il ne proteste point contre cette aliénation. Bien plus, il l'accepte puisque dans la saisie il traite le tiers détenteur comme propriétaire. — Dans l'hypothèse de la purge, le créancier, qui repousse les offres, proteste par la surenchère contre l'aliénation qu'on lui demande de consolider en acceptant un paiement qui éteindrait les hypothèques. Il ne la reconnaît point comme sauvegardant ses intérêts ; il en conteste le prix, s'il s'agit d'une vente, le principe s'il s'agit d'une donation ; et, enfin, il demande qu'une mutation nouvelle plus satisfaisante vienne prendre la place de l'ancienne frappée de résolution, en un mot, qu'une substitution d'actes ait lieu. — Les faits et le caractère des faits dans la purge diffèrent, on le voit, profondément de ceux qui constituent la saisie ou le délaissement. Le législateur s'est inspiré de cet état de choses pour établir, au moyen de la résolution, une distinction profonde entre la nature et les effets des diverses issues du droit de suite. Qu'on ne vienne plus dire que la distinction proposée n'a pas de raison d'être.

D'ailleurs, qu'importerait que le motif de la situation exceptionnelle faite au tiers détenteur n'existât pas. Que de dispositions légales indiscutables ne peuvent, non plus, être motivées ? Ce serait une faute de raison qui aurait encore le tort de créer une exception ; mais en présence de textes formels a-t-on le droit de ne la point subir ? — Du reste, les adversaires sont bien malvenus à reprocher une anomalie, eux qui pour expliquer l'art. 2188 en présentent une bien plus singulière encore.

Réfutation. — Nous avons tâché de développer aussi complétement que possible les arguments du système de la résolution, et cela dans le but de les combattre, car nous adoptons pleinement l'opinion du maintien du titre de l'acquéreur surenchéri, opinion si remarquablement soutenue par M. Vernet.

Le défaut du système de la résolution, qui de prime abord frappe l'esprit, c'est la situation bizarre, toute particulière faite à l'acquéreur surenchéri. Tandis que le tiers détenteur délaissant ou saisi voit son contrat maintenu, l'acquéreur subit l'anéantissement du sien ; et on arrive ainsi à faire produire au même droit des effets non pas semblables, ainsi que la raison le commande, mais diamétralement opposés l'un à l'autre. — Nous avons déjà montré combien les deux situations sont identiques. En réponse à cela, nous avons développé un argument indiquant la raison de distinguer dans le caractère de la surenchère qui, suivant cette opinion, serait une protestation contre la première aliénation.

Ce raisonnement nous paraît de la dernière faiblesse. Il faut se faire une bien fausse idée de la surenchère pour voir en elle, de la part du créancier hypothécaire, autre chose que son refus d'accepter les offres de libération partielle émanées du tiers détenteur, et que la manifestation de sa volonté de reprendre, malgré l'obligation de porter le prix à un dixième en sus, le droit de saisir l'immeuble sur le tiers détenteur qui par la purge tendait à s'affranchir de son obligation réelle (1). — On peut encore dire : La purge a imposé aux créanciers hypothécaires l'option entre un paiement partiel et le droit de poursuivre la vente de l'immeuble hypothéqué, sous la condition de faire porter le prix d'adjudication à un dixième en sus du prix offert. Par la surenchère ceux-ci exercent leur droit d'option dans le sens de la faculté de vendre. — Voilà la vraie signification, le seul caractère de la surenchère qui, on le voit, est tout à fait étrangère à une protestation contre le titre de l'acquéreur surenchéri.

_____

(1) Aubry et Rau sur Zachariæ, t. II, n° 294.

Par ce qui précède, on a pu voir que la surenchère n'existe dans la loi que dans un but exclusivement favorable aux créanciers hypothécaires, pour empêcher le droit de purger d'arriver à des conséquences iniques telles que l'estimation, par trop inférieure, de la valeur du gage. Elle ne doit, donc, apporter à la purge, dont elle est le correctif, que des modifications limitées par l'intérêt même des créanciers. Les rapports juridiques étrangers à ces derniers, et dans le nombre il faut surtout mentionner les relations existantes entre l'aliénateur primitif et l'acquéreur surenchéri, ne sauraient être atteints par elle; comment, dès-lors, ose-t-on lui faire produire la résolution de l'aliénation originaire.

Mais, d'ailleurs, pourquoi les créanciers hypothécaires protesteraient-ils contre le titre de l'acquéreur surenchéri? Il ne leur nuit point. Leur gage est aussi intact, aussi facilement réalisable après qu'avant. Les créanciers chirographaires auraient un intérêt à protester, mais eux n'en ont aucun. — La preuve est surabondante. On la peut résumer en quelques mots : La surenchère ne présente aucun des caractères d'une protestation, et elle ne peut pas en être une puisque les personnes dont elle émane n'ont aucun intérêt à protester.

Ainsi, la position du tiers détenteur est la même dans les trois issues du droit de suite. Les faits qui dans ces trois cas interviennent entre le créancier hypothécaire et le détenteur évincé ne présentent entre eux aucune différence au point de vue de l'aliénation originaire; par suite la distinction proposée par nos adversaires manque complétement, de raison d'être, et nous devons la repousser à moins qu'un texte formel ne nous l'impose.

Quant aux textes formels, le système opposé n'en peut produire qu'un seul : l'art. 2188. — Seule, au dire de nos adversaires, la résolution du titre de l'acquéreur surenchéri permet de comprendre ou de justifier cette disposition. — Nous montrerons bientôt quelle est la véritable

7

base de l'art. 2188; nous allons tout d'abord montrer que ce ne peut être la résolution.

Il est de principe incontestable que, quand une vente est résolue par une condition résolutoire expresse accomplie, les frais d'acquisition doivent être restitués à l'acquéreur évincé rétroactivement. Quant à la charge de restitution, elle retombe tout naturellement sur le vendeur sous condition, sur celui qui profite de la résolution. Il en est ainsi dans le cas d'une vente à réméré ou soumise à une *addictio in diem*. — Ces principes doivent être étendus aux conditions résolutoires tacites, et parmi elles à celle imaginée par les partisans de la résolution. Ainsi, pour ces derniers, la logique des principes veut que la charge de restituer les frais soit imposée à l'aliénateur primitif et non à l'adjudicataire comme l'exige l'art. 2188. — Qu'on ne vienne donc pas dire que la résolution du titre d'acquisition est la raison d'être de cet article; bien au contraire, elle entraîne un résultat différent.

L'opinion adverse ne se tient pas pour battue sur ce terrain et réplique : Sans doute, régulièrement, la charge de rembourser devrait frapper l'aliénateur primitif et non l'adjudicataire tout à fait étranger au contrat résolu : mais la présomption d'insolvabilité qui s'attache au premier a décidé le législateur à diriger le recours contre le dernier, afin que le remboursement fut assuré. — En admettant que la loi se soit préoccupée de l'insolvabilité présumée de l'aliénateur primitif, nous ne pensons pas que le système opposé puisse en tirer avantage ; car cette présomption, tout en faisant accorder un recours plus sûr contre l'adjudicataire, n'aurait pas supprimé un recours subsidiaire de ce dernier contre l'aliénateur primitif, peut-être en état de supporter les frais. La résolution du titre domine la présomption d'insolvabilité qui, dès-lors, ne peut, tout au plus, que changer une action directe en un circuit d'actions aboutissant au même résultat.

Il reste bien établi que la résolution, loin d'expliquer l'art. 2188, est incompatible avec lui. Toutefois notre tâche resterait entière si nous ne parvenions pas à montrer cette disposition légale parfaitement conciliable avec le maintien du titre de l'acquéreur surenchéri.

Quelques auteurs poursuivant cette conciliation ont dit : La vente à l'amiable est celle qui permet d'obtenir d'une chose son prix le plus élevé, d'un gage sa réalisation la plus considérable. Faciliter la vente à l'amiable d'un immeuble hypothéqué et en déléguer le prix aux créanciers hypothécaires, c'est, donc, agir à la fois dans l'intérêt de ces derniers et du débiteur. La purge, en permettant au tiers détenteur de conserver la chose moyennant le paiement du prix de son acquisition, tend à ce but désirable, sans faire courir aucun danger aux créanciers hypothécaires protégés par le droit de surenchérir. Toutefois l'adjudication entraînée par la réquisition de mise aux enchères expose le tiers détenteur au danger de ne rien toucher sur le prix et d'avoir néanmoins à supporter les frais de son titre d'acquisition. Ce péril eut considérablement entravé la purge et détourné des acquisitions à l'amiable ; aussi le législateur, dans l'art. 2188, a-t-il imposé à l'adjudicataire l'obligation de rembourser à l'acquéreur surenchéri les frais de son contrat qui n'en reste pas moins debout. — L'art. 1630, 4°, accorde, il est vrai, un recours contre l'aliénateur primitif en faute de n'avoir pas éteint les hypothèques cause de l'éviction ; mais son insolvabilité probable a amené la création d'un second recours, plus utile, contre l'adjudicataire. — Quant au tiers détenteur qui délaisse ou qui subit la saisie, s'il ne jouit pas du même bénéfice, il ne peut s'en prendre qu'à lui ; que ne purgeait-il ?

Ce raisonnement est pleinement satisfaisant si on suppose le prix d'adjudication complétement employé à désintéresser les créanciers hypothécaires inscrits antérieurement à la première aliénation. La faveur de la loi devient, au contraire, injustifiable quand l'acquéreur surenchéri bénéficie d'un excédant. Ne serait-il pas de la dernière équité que ce dernier supportât, par exemple, les frais d'une donation dont il bénéficie partiellement. Le motif unique tiré de la position du tiers détenteur fait ici défaut. Si la loi eût distingué le cas où l'excédant existe de celui où il ne se produit pas, et n'eût obligé l'adjudicataire au remboursement des frais que dans la seconde hypothèse, elle n'eût pas détourné des acquisitions à l'amiable, puisque les frais n'auraient été dûs par l'acquéreur surenchéri qu'autant que l'adjudication lui aurait fourni de quoi les payer.

La réponse nous parait facile : Jamais, dans le système du maintien, la règle générale de l'art. 2188 ne produira de résultat injuste. Quand le prix est totalement accaparé par les créanciers hypothécaires, pas de difficulté ; nous l'avons vu. Quand l'excédant se produit, le résultat est tout aussi juste, tout aussi logique puisque dans ce cas les frais sont, *en réalité*, supportés non par l'adjudicataire, mais par celui qui normalement doit les subir : l'acquéreur surenchéri. Remarquons, en effet, que le prix d'adjudication est d'autant moins élevé que l'adjudicataire doit, en sus de ce dernier, le remboursement des frais de la première aliénation. Le prix subissant une diminution, l'excédant du prix sur le montant des créances hypothécaires supporte évidemment cette diminution tout entière. En l'absence de l'obligation de rembourser les frais, l'excédant eût été plus fort ; c'est, dès lors, en réalité, avec ce qui revient à l'acquéreur surenchéri que ceux-ci sont payés (1). Dès lors, quoi de plus juste, de plus rationnel que la règle de l'art. 2188. Les créanciers hypothécaires absorbent-ils tout le prix d'adjudication, en définitive

---

(1) Il ne faut pas perdre de vue que dans le système du maintien l'excédant est attribué à l'acquéreur surenchéri.

ils supportent les frais ; l'acquéreur surenchéri obtient-il une partie du prix, alors, mais alors seulement, c'est lui qui les paie.

Voilà, croyons-nous, l'art. 2188 parfaitement concilié avec le maintien de la première aliénation ; nous ajouterons toutefois à ce qui précède une explication fort] ingénieuse donnée par M. Vernet. — D'après lui, la première aliénation n'est définitive qu'autant qu'elle est ratifiée par les créanciers hypothécaires. Non ratifiée, elle 'est le premier acte de la procédure qui aboutit à la naissance du droit de l'adjudicataire ; n'est-il pas naturel, dès-lors, que les frais de cette procédure soient supportés par ceux qui l'intentent et qui en bénéficient, c'est-à-dire par les créanciers hypothécaires. Quoique supportés en apparence par l'adjudicataire, ils retombent en définitive à la charge de ces derniers par suite de la diminution qu'ils font subir au prix d'adjudication en venant s'ajouter à lui.

Ce raisonnement nous semble pécher par deux côtés. Et, d'abord, reconnaître que la première aliénation n'est pas définitive, qu'elle doit être ratifiée par les créanciers, c'est, croyons-nous, se rapprocher singulièrement de la résolution et se priver, par une concession que rien ne motive, de la meilleure partie du terrain de la discussion. D'autre part, M. Vernet commet une erreur manifeste en disant, d'une manière générale, que les frais sont en définitive à la charge des créanciers hypothécaires. Comment ne pas reconnaître que l'existence d'un excédant, qui suppose nécessairement le paiement intégral des créances hypothécaires, déplace cette charge et l'impose à l'acquéreur surenchéri ?

L'art. 2188 étant ainsi écarté du débat et ne pouvant fournir aucun appui au système de la résolution, nous pouvons légitimement dire : La résolution est un fait exceptionnel, dérogatoire au droit commun ; elle est, de plus, une anomalie à côté du maintien du titre du tiers détenteur dans la saisie et le délaissement, il faut, donc, la repousser car aucun texte de la loi ne nous l'impose.

Nous ne pouvons croire que nos adversaires jugent suffisant, pour étayer leur théorie si anormale, l'argument tiré de la comparaison des dispositions du chap. VI avec celles du chap. VIII. — Cet argument fut-il juste ne nous paraîtrait pas assez concluant. Quand le législateur veut imposer aux parties contractantes une condition résolutoire tacite et interpréter, ainsi, leur volonté au risque d'y déroger, quand il veut établir des règles exceptionnelles comme le serait la résolution par rapport aux principes généraux sur l'exercice du droit de suite, il dépose sa pensée dans un texte précis et non dans de pures omissions.

D'ailleurs, la réponse à cet argument découle de ce que nous avons déjà dit pour prouver la parfaite similitude de position et l'absence de toute raison de distinguer entre l'acquéreur surenchéri et le tiers détenteur délaissant ou saisi. Cette similitude nous permet d'étendre à l'un des cas les dispositions relatives à l'autre, c'est-à-dire de généraliser l'application de l'art. 2177, § 2. — Du reste, cette extension d'un article du chap. VI sur *les effets du droit de suite* au chap. VIII relatif à la *purge* est évidemment dans l'intention de la loi. La rubrique du chap. VI est générale ; elle s'applique à tous les tiers détenteurs, par conséquent à l'acquéreur surenchéri. Le chapitre sur la purge est nécessairement spécial ; quoi de plus légitime, dès-lors, que d'appliquer la règle générale toutes les fois que l'exception n'a pas été formulée.

Le tiers détenteur qui purge facilite la plus haute réalisation du gage en rendant inutile la saisie et surtout les frais et l'adjudication à bas prix qui en sont la suite. Il fait ainsi un acte utile à tous : aux créanciers hypothécaires dont le gage est payé suivant sa valeur, au débiteur personnel dont la libération dépasse les limites restreintes d'un prix de vente publique, et, enfin, à lui-même en augmentant

ses chances de conserver l'immeuble auquel il tient peut-
être. Aussi, la loi favorise-t-elle la purge, la préfère-t-elle
à la saisie et au délaissement ; l'art. 2188 en est la preuve
convaincante. Cela admis, comment comprendre que,
quant à l'excédant du prix, quant au maintien du titre
d'acquisition, la loi ait fait une situation plus mauvaise
à l'acquéreur surenchéri qu'au délaissant ; en d'autres
termes, qu'en restreignant l'application de l'art. 2177, § 2,
elle ait sacrifié la position du tiers détenteur qu'elle pré-
fère. C'est impossible, et si la loi n'a pas reproduit le
paragraphe en question au chap. VIII, c'est qu'elle l'a
jugé inutile, l'acquéreur surenchéri lui paraissant bien
plus digne de cette faveur que le délaissant.

Un des résultats les plus criants, c'est, sans contredit,
l'étrange pouvoir concédé à l'aliénateur primitif. — Si
nous supposons une vente, le bénéfice réalisé par l'acquéreur surenchéri est à la merci de son vendeur qui peut
le lui enlever en négligeant d'éteindre les hypothèques
dont l'immeuble est grevé. Sans doute, malgré la résolution qui fait arriver jusqu'à lui l'excédant du prix
d'adjudication sur les créances hypothécaires , il ne retire aucun bénéfice de sa négligence, car la créance de
garantie lui reprend tout ce que la résolution lui donne :
mais l'acquéreur surenchéri subira une perte considérable. Ce dernier, si l'aliénateur primitif n'avait aucun
autre créancier chirographaire, obtiendrait, par une
saisie-arrêt de l'excédant entre les mains de l'adjudicataire, tout ce que le maintien du contrat pourrait lui
donner. Loin de là, le plus souvent, il subira le concours
de tous les créanciers chriographaires et n'obtiendra, par
suite, qu'une partie de ce qu'il aurait pu réclamer comme
propriétaire.

Si la première aliénation consiste en une donation, le
résultat amené par la résolution devient véritablement
inique. Dans ce cas, l'aliénateur primitif trouve dans sa
négligence à éteindre les hypothèques le moyen, non seu-

lement, d'enlever à l'acquéreur surenchéri tout son bénéfice, mais encore de se le procurer à lui-même. En sa qualité de donateur, il n'est point soumis à l'obligation de
garantie, et comme, d'autre part, la résolution entraînée
par l'adjudication lui donne droit à l'excédant et à tous
les fruits perçus entre les deux aliénations, il dépouille
complètement le tiers détenteur privé de tout recours.
— La loi n'a pas pu accorder ainsi une prime à la
fraude.

Bien plus, si nous restons toujours dans l'hypothèse où
la première aliénation est une donation, nous pouvons
montrer l'art. 894, sur l'irrévocabilité des donations entre
vifs, tourné, méconnu par la résolution. Cette dernière,
nous l'avons vu, dépend de la faute ou plutôt de la négligence de l'aliénateur primitif, donateur dans l'espèce : et
niera-t-on que résoudre une donation ce ne soit, tout au
moins, la révoquer? Ce résultat choquant se reproduit
dans le cas où le titre résolu est un legs. Sans doute, le
legs est révocable durant la vie du testateur, néanmoins à
partir de la mort de ce dernier, il devient, à l'égard de l'héritier, aussi irrévocable qu'une véritable donation entre
vifs. Que deviendra cette irrévocabilité, si le débiteur du
legs trouve dans sa négligence le moyen de le révoquer à
son profit? Du reste, il est profondément immoral d'admettre la possibilité de se soustraire ainsi à l'accomplissement d'une dette sacrée (1).

Nous venons de voir l'acquéreur surenchéri sacrifié
dans ses rapports avec l'aliénateur primitif. Par une
bizarre compensation, à son tour, il exerce un pouvoir dis-
crétionnaire sur ses propres créanciers hypothécaires dont
les droits sont maintenus ou bien anéantis suivant qu'il
opte pour le délaissement ou pour la purge. Il importe peu

_____

(1) Vernet, op. cit.

que la surenchère soit nécessaire pour arriver à ce résultat, car les créanciers hypothécaires, dans le cas où le prix de la première aliénation est faible, ne sont pas gens à ne pas surenchérir pour sauvegarder l'existence des créances nées du chef du tiers détenteur. La loi peut-elle laisser prudemment un tel pouvoir à un homme que sa qualité de débiteur animera rarement du désir de complaire à ses créanciers. — Ce résultat devient plus bizarre encore si nous supposons, à la fois, des créanciers hypothécaires du chef de l'acquéreur surenchéri et d'autres du chef de l'aliénateur primitif, ces derniers inscrits postérieurement à la première aliénation. Alors, nous aurons deux masses de créances dépendant toutes deux du choix que fera l'acquéreur surenchéri entre la purge et le délaissement. Un système dont le jeu produit tant d'injustices, ouvre tant de portes à la fraude, n'est-il pas tout condamné ?

Admettre la résolution, ce serait porter un coup fatal aux aliénations à l'amiable, aller droit à la généralisation des expropriations qui, seules, donneraient toute sécurité aux acquéreurs. Ce serait, de plus, écarter de la purge celui qui aurait été assez imprudent pour acquérir autrement que par voie de justice, le pousser au délaissement, et ainsi faire passer à l'état de lettre morte les dispositions du Code relatives à la purge. Or, nous le demandons, le legislateur édicte-t-il une règle pour qu'elle ne soit jamais appliquée ?

Nous croyons complète, sinon surabondante, la preuve de la fausseté du système de la résolution : système dont le ridicule apparait tout à fait par cette dernière considération, que l'acquéreur surenchéri voit son droit résolu justement par la procédure que la loi indique comme propre à le raffermir. Qu'il délaisse, qu'il fasse un premier pas vers l'abandon de la propriété par l'abandon de la possession, son titre est maintenu ; mais qu'il ait soin de conserver la possession, d'affirmer son titre en le modifiant, de cher-

cher par l'extinction des hypothèques à compléter son
droit, c'est alors que son titre est résolu (1).

Discussion du système du maintien.

L'adjudication après surenchère du dixième sur aliénation volontaire laisse subsistant le titre de l'acquéreur surenchéri. C'est l'opinion que nous adoptons.

A vrai dire, la preuve de ce système est inutile, puisqu'il
ne fait qu'appliquer le droit commun, le respect des conventions. C'est à ceux qui prétendent apporter, par l'ap-
position d'une condition résolutoire tacite, une exception
au principe général, à prouver le bien fondé de leur
opinion.

Un contrat translatif de propriété existe entre l'aliénateur primitif et l'acquéreur surenchéri ; ce contrat est
pur et simple ; aucune condition résolutoire expresse n'y
est insérée ; les parties disent qu'elles disposent définitivement de la chose aliénée ; la mutation doit donc être main-
tenue, malgré l'adjudication après surenchère, en vertu
du principe que les conventions font la loi des parties.

Les partisans des autres systèmes veulent déroger à ce
principe. Ils doivent prouver la dérogation, sinon notre
principe reste debout. Notre position sur le terrain du
droit commun nous donne l'avantage de prouver notre
opinion par cela seul que nous réfutons les leurs.

Il existe, cependant, des arguments positifs tirés de
l'assimilation à faire entre les trois issues du droit de
suite, de la situation de l'acquéreur surenchéri plus digne
de faveur que celle du délaissant ; nous nous abstenons
de les développer ici, les ayant déjà produits dans la réfutation du système de la résolution.

---

(1) Pour toute la discussion qui précède, voir Mourlon, *de la Transcription.* — Vernet. — Aubry et Rau.

Quant aux objections, peu nombreuses d'ailleurs, elles sont principalement relatives à l'art. 2188 et à la comparaison du chap. VI au chap. VIII (priviléges et hypothèques). Comme elles constituent, en même temps, des arguments positifs en faveur du système de la résolution, nous les avons déjà développées et réfutées.

Troisième et quatrième systèmes.

M. Mourlon a, sur cette question, successivement soutenu deux systèmes.

Première opinion. — Cet auteur repousse bien loin et avec énergie le système de la résolution de plein droit, à cause de ses résultats iniques; mais comme l'art. 2148 lui semble présupposer nécessairement la résolution du titre de l'acquéreur surenchéri, il croit trouver dans la résolution facultative, introduite par l'art. 1184, l'explication de toutes les difficultés.

Cet article donne à la partie qui a exécuté un contrat synallagmatique la faculté d'en poursuivre l'exécution ou d'en faire prononcer la résolution contre la partie en faute de ne point avoir tenu ses engagements. M. Mourlon ne fait qu'appliquer cet article au cas en discussion, et reconnaît à l'acquéreur surenchéri un droit de résolution facultative. Pour cela, il s'appuie sur ce que l'aliénateur primitif a manqué à son obligation de garantie en négligeant d'éteindre les hypothèques.

Si l'acquéreur surenchéri opte pour la résolution, l'article 2188 parfaitement légitimé par elle recevra son exécution; on appliquera, en outre, toutes les conséquences du système de la résolution de plein droit, parmi lesquelles, la perte de l'excédant. — Si, afin de s'assurer le surplus du prix d'adjudication, il opte pour le maintien de son titre, il entraîne par là les conséquences du premier système; toutefois il ne bénéficie point de l'art. 2188.

Son choix dépendra de la comparaison qu'il établira entre le montant des frais et l'excédant. Suivant que l'un ou l'autre l'emportera, sa décision variera. Dans le cas de donation, il devra ajouter à l'excédant les fruits à restituer (1).

Réfutation. — Nous ne nous appesantirons pas sur la réfutation de ce système déjà compromis par cela seul que son auteur l'a abandonné.

Le point de départ est juste. L'art. 1184 doit, en effet, recevoir son application dans notre matière comme dans toute autre, cependant il ne saurait être présenté comme donnant l'explication de l'art. 2188. — Qu'on le remarque; ce dernier article est général dans ses termes, il vise tous les cas où se produit l'adjudication après surenchère, aussi bien la donation et le legs que la vente; or, l'article 1184, autrement dit la résolution facultative, ne peut être admis que dans un certain nombre de ces cas, dans les seules ventes faites avec garantie: il est, donc, impossible d'expliquer un des deux articles par l'autre, car cela revient à donner à un *effet général* une cause *spéciale*, restreinte à quelques hypothèses seulement.

Dans l'argumentation précédente, nous nous sommes appuyés sur ce que le système discuté ne pouvait recevoir une application générale. Cela résulte de l'art. 1184 qui exige, comme condition de la résolution facultative, la faute de l'une des parties contractantes, faute qui n'est autre que l'inexécution de la convention. — Cette condition nous la trouvons bien quand l'aliénation primitive est une vente ordinaire. Mais si nous supposons une vente sans obligation de garantie, portant sur un immeuble hypothéqué par les auteurs du vendeur, ou bien encore une donation, un legs; l'éviction amenée par l'exercice du droit de suite

(1) Mourlon, Traité de la Transcription.

ne peut violer une obligation de garantie qui n'existe pas, et, dès lors, l'aliénateur primitif n'est point en faute, c'est-à-dire dans la position voulue pour que l'art. 1184 soit applicable.

Du reste, Mourlon admet, avant tout, que l'art. 2188 suppose la résolution ; c'est même la seule raison au moyen de laquelle il repousse le maintien du titre ; or, nous avons antérieurement prouvé la fausseté de ce raisonnement.

En terminant l'examen de cette opinion, il est essentiel de remarquer que même pour nous, partisans du système du maintien, l'acquéreur surenchéri aura droit à la résolution facultative quand l'aliénateur primitif sera un vendeur soumis à l'obligation de garantie. Toutefois, même dans ce cas particulier, nous nous séparons de Mourlon en décidant que l'art. 2188 recevra son application soit que l'option porte sur le maintien, soit qu'elle porte sur la résolution. — Il est bien évident, par suite, que l'acquéreur évincé se prononcera toujours pour le maintien du contrat qui, outre un recours en garantie et un remboursement de frais, absolument semblables à ceux produits par la résolution, lui peut seul procurer le droit à l'excédant du prix.

Seconde opinion. — Mourlon qui avait soutenu l'opinion précédente dans son *traité sur la transcription* l'a abandonnée dans sa dernière édition des *répétitions écrites*, pour en adopter une autre qui, du moins, n'a pas le défaut de ne s'appliquer, comme la précédente, qu'à quelques cas d'adjudication après surenchère.

Dans ce nouveau système, cet auteur, jugeant encore l'art. 2188 inexplicable en dehors de la résolution du titre originaire, se prononce en principe pour la résolution *de plein droit*, non sans admettre un tempérament consistant dans la faculté concédée à l'acquéreur surenchéri d'opter pour le maintien de son titre.

Cette opinion, au premier abord, peu différente de la précédente, s'en sépare, cependant, par un point de départ tout autre. — Au lieu de découler de l'art. 1184, base insuffisante, comme nous l'avons vu, elle s'appuie sur un motif d'équité qui se formule comme suit. — Le prix d'une adjudication après surenchère est, le plus souvent, complétement employé à payer les créanciers hypothécaires ; et toutes les fois que cela se produit, l'acquéreur surenchéri, si son contrat était maintenu, se trouverait dans la position inique de ne retirer aucun avantage d'une aliénation dont il supporterait les charges telles que les frais, les risques jusqu'à l'adjudication, l'obligation de garantie à l'égard de l'adjudicataire. La loi est venue à son secours, elle a résolu ce contrat dont, à l'encontre de toute justice, il supportait tous les effets passifs sans profiter des effets actifs. De plus, comme la simple raison voulait qu'il ne subît pas les frais d'un contrat considéré comme inexistant ; et que son recours contre l'aliénateur primitif, presque sûrement insolvable, les aurait laissés à sa charge, on lui a accordé, en outre, dans l'art. 2188, un recours pour les frais, contre l'adjudicataire. — De ce que la loi a agi sous l'empire de ces motifs en imaginant la résolution, il suit que c'est dans l'intérêt particulier de l'acquéreur qu'elle l'a introduite, qu'elle a eu pour but de lui accorder une faveur ; or, on peut toujours renoncer à une situation de faveur, mais aussi d'exception, pour rentrer sous l'application du droit commun.

En résumé, l'adjudication après surenchère entraîne la résolution de plein droit au profit de l'acquéreur surenchéri qui, d'ailleurs, reste maître d'opter pour le maintien. Suivant qu'il optera pour ou contre la résolution, les conséquences varieront complétement. Du reste, il faut reporter ici tout ce que nous avons dit sur les effets de la première opinion du même auteur. Nous nous bornons à rappeler la non-application de l'art. 2188 dans le cas où l'acquéreur maintient son titre.

Réfutation. — Ce système, on doit le reconnaître, est très ingénieux. Il se dérobe à toutes les critiques si justes et si fortes que l'on peut faire à la résolution de plein droit. La faculté d'option annihile complétement le pouvoir, puisé par l'aliénateur primitif dans l'anéantissement du titre originaire d'imposer à l'acquéreur surenchéri, la perte du bénéfice de son contrat et même de se l'approprier dans le cas de donation. Elle tend aussi à rassurer sur les suites de toute acquisition à l'amiable ceux que la crainte d'une résolution, avec la perte de l'excédant comme conséquence principale, aurait écartés de ce genre de transactions.

Malgré les réflexions précédentes, nous ne croyons pas devoir nous rallier à ce système dont l'adoption suppose deux points prouvés : 1° que la loi a admis, dans l'espèce, la résolution de plein droit ; 2° qu'elle l'a admise dans l'intérêt particulier de l'acquéreur surenchéri.

Quant à la preuve du second point, elle résulte de celle du premier. Une fois la résolution admise, il est difficile de ne pas reconnaître que la cause de son admission a été la situation digne de faveur du tiers détenteur frappé de surenchère. — Pour prouver le premier point, Mourlon emprunte naturellement tous les arguments produits dans le système ordinaire de la résolution ; il n'en apporte aucun nouveau. Toute son argumentation a pour but de prouver le caractère facultatif de cette résolution. — Qu'importe que l'on prouve le caractère facultatif d'une opération juridique si celle-ci n'est pas prouvée ; et la résolution ne l'est pas. — Tous les arguments qu'on peut produire pour la soutenir, nous les avons examinés et repoussés. Le système que nous discutons n'est qu'une *modification* de celui développé en second lieu dans cette thèse ; il en présuppose l'admission ; et comme celle-ci est impossible, il doit, lui aussi, être rejeté.

Cinquième système.

Une solution fort originale a été donnée par la Cour de Paris dans un arrêt du 1ᵉʳ juillet 1852 (aff. Lecomte). — La Cour reconnaît à l'adjudication après surenchère le pouvoir de résoudre le titre du tiers détenteur; et au lieu de faire revivre le droit de l'aliénateur primitif dans l'intervalle de temps compris entre les deux aliénations, elle confère une étrange *rétroactivité* au droit de l'adjudicataire qu'elle vient souder à celui de l'aliénateur primitif non pas à la date de l'adjudication, mais à celle de la première aliénation.

Ainsi, entre ce système et celui que nous avons développé en second lieu, il n'y a de commun que la résolution de plein droit du titre originaire; car tandis que dans l'un le droit résolu est remplacé dans le passé par le droit de l'aliénateur primitif *continué* jusqu'à l'adjudication, dans l'autre il l'est par celui de l'adjudicataire qui, en *rétroagissant*, vient occuper la place laissée libre.

L'opinion de la Cour de Paris, par suite de ses éléments communs avec le système de la résolution, reproduit la plupart des conséquences de ce dernier : 1° l'attribution de l'excédant du prix d'adjudication à l'aliénateur primitif, 2° la perception d'un seul droit de mutation, 3° la garantie due à l'adjudicataire par l'aliénateur primitif. — Elle trouve, au contraire, dans son élément spécial : la rétroactivité, l'origine de deux conséquences particulières. C'est ainsi que l'adjudicataire a droit aux fruits perçus *medio tempore* par l'acquéreur surenchéri qui devra, dès lors, les lui restituer. Par une juste corrélation il sera comptable à l'égard de son vendeur des intérêts du prix d'*adjudication*, à partir de l'entrée en jouissance, c'est-à-dire depuis le moment de la première aliénation. De plus, l'aliénateur primitif ayant cessé définitivement d'être

propriétaire de l'immeuble au moment où il l'a transmis
au tiers détenteur, il s'ensuit que toutes les hypothèques constituées par lui depuis la transcription de son
acte, sont nulles comme émanées d'un non propriétaire.
Quant à l'acquéreur surenchéri, il n'a jamais eu qu'un
titre affecté d'une condition résolutoire dont l'accomplissement fait disparaître, en même temps que la propriété,
les hypothèques auxquelles celle-ci sert de soutien. Seul
donc l'adjudicataire, grâce à la rétroactivité de son droit,
a pu depuis la transcription de la première aliénation
constituer sur l'immeuble des hypothèques valables.

L'argumentation sur laquelle s'appuie cette solution
est d'une grande faiblesse. Elle consiste à dire : l'art. 2187
exige que la revente après surenchère du dixième ait lieu
selon les formes des expropriations forcées. L'art. 690
C. Pr. civ. est dès-lors applicable à la matière, et oblige
le créancier surenchérisseur à déposer au greffe un cahier
des charges qui, dans l'espèce, et en vertu de l'art. 837 C.
Pr. civ., n'est autre que l'acte de la première aliénation,
transformé ainsi en minute d'enchère. — C'est dans
cet acte que doivent être recherchées les clauses et conditions de l'adjudication. Il indique le moment même de
la première aliénation comme époque du transfert de la
propriété ; en conséquence, le transfert opéré de l'aliénateur primitif à l'adjudicataire viendra en rétroagissant se
placer à cette date.

Réfutation. — On ne peut interpréter de cette façon
l'article 837, sans donner à ses termes une extension qu'ils
ne comportent pas. Il suffit de le lire pour rester convaincu
que la loi entend seulement ordonner d'emprunter au titre
originaire les clauses et conditions compatibles avec le
nouvel état des choses, c'est-à-dire en leur faisant subir
les modifications qui résultent des droits acquis. — D'ailleurs la Cour nous fournit elle-même le moyen de la combattre. Elle dit que *toutes* les clauses et conditions de la

8

première aliénation sont applicables à l'adjudication ; or, la principale n'est-ce pas justement celle qui transfère l'immeuble à l'acquéreur surenchéri ; l'arrêt, cependant, se refuse à l'appliquer parce que ce serait supprimer à la fois et rétroactivité et résolution. De même, le prix de la première aliénation ne figure dans cette espèce de cahier des charges qu'avec une augmentation d'un dixième amenée par la surenchère (837 C. Pr. civ.). Ainsi, de l'aveu même de la Cour de Paris, les clauses et conditions du titre originaire ne s'appliquent pas toutes à l'adjudication ; nous devons donc ne pas y appliquer non plus celles pour lesquelles des raisons d'agir pareillement existent. Niera-t-on que le droit de l'acquéreur surenchéri, droit qu'il faut respecter tant qu'il n'est pas résolu, soit un obstacle suffisant à empêcher l'extension à l'adjudication de la clause qui place le transfert de propriété au moment de la première aliénation ? — Il est inutile d'insister sur un système aussi peu sérieux.

Jurisprudence.

La Cour de Paris avant le 17 juillet 1852, date de l'arrêt discuté plus haut, s'était prononcée, notamment dans un arrêt du 3 août 1844 (aff. de Torsay), pour la résolution pure et simple, sans rétroactivité. — En effet, cet arrêt n'attribue pas à l'adjudicataire les fruits perçus entre les deux aliénations ; ils doivent être restitués à l'aliénateur primitif par l'acquéreur surenchéri. La chambre des requêtes, par un arrêt bien plus récent (15 décembre 1862), a adopté la même solution (aff. Renouard). Dans ce procès, la question de résolution s'agitait afin de savoir à qui devait être restitué l'excédant du prix d'adjudication.

En somme, sauf l'arrêt de la Cour de Paris (17 juillet 1852), la jurisprudence est unanime à admettre la résolution de plein droit, sans rétroactivité du droit de l'adjudicataire. Aucun arrêt ne consacre la doctrine du maintien du titre originaire. — La cour de Riom, il est vrai, dans un arrêt du 19 janvier 1820, attribue les fruits à l'acquéreur surenchéri, lui refuse la *condictio indebiti* pour les intérêts du prix payés ; toutefois, malgré cela, elle admet la résolution de son titre.

La Cour de cassation, dans un arrêt du 10 avril 1848, résout le droit du tiers détenteur frappé de surenchère et l'oblige, en conséquence, à restituer les fruits. Jusque-là tout est conforme à l'opinion presque unanime de la jurisprudence. La Cour s'en sépare profondément en reconnaissant que la restitution des fruits doit être faite non à l'aliénateur primitif ; mais aux créanciers hypothécaires inscrits sur l'immeuble avant la transcription de la première aliénation. Quant aux intérêts payés, la répétition peut en être poursuivie contre le vendeur originaire. — Le résultat de ce jeu d'actions c'est d'appauvrir la masse chirographaire de ce dernier de la valeur des fruits dont on gratifie sa masse hypothécaire. Résultat odieux, puisqu'il enlève au pauvre pour donner au riche. — Cette décision s'analyse en une résolution du droit de l'acquéreur surenchéri introduite en faveur des créanciers hypothécaires qui, par suite, peuvent, toutes les fois qu'ils y ont intérêt, unir quelques conséquences du maintien à quelques autres de la résolution.

Nous n'examinerons pas plus profondément, ni ne réfuterons cette opinion dont l'influence est nulle aujourd'hui par suite de l'abandon qu'en a fait la Cour dans son arrêt du 19 avril 1865. — Après la réfutation de tous les systèmes que nous avons successivement développés, nous sommes en droit d'affirmer, de plus fort, notre conclusion sur *la nature* de l'adjudication après surenchère du dixième sur aliénation volontaire : *Ce jugement ne résout point le droit de propriété de l'acquéreur surenchéri, il le transmet seulement à l'adjudicataire à la date de l'adjudication* (1).

_____

(1) Cette opinion a été aussi soutenue par M. Arnault, professeur-

§ 4.

Effets de l'adjudication.

Nous avons déjà, en développant les conséquences des
deux opinions extrèmes, indiqué quelques-uns de ces
effets, mais seulement ceux qui varient, qui changent de
nature suivant qu'on se prononce pour le maintien ou
pour la résolution du titre originaire. — Nous ne nous
occuperons maintenant, le plus souvent du moins, que
des conséquences de l'adjudication indifférentes à l'adoption de l'une ou de l'autre opinion.

Effets relatifs à l'aliénateur primitif.

Si on admet que l'aliénateur primitif joue le rôle de
vendeur dans l'adjudication, il faut lui appliquer, outre
les conséquences spéciales déjà analysées, tous les principes qui régissent les vendeurs des adjudications ordinaires, c'est-à-dire sur saisie.

Mais quel que soit le système adopté, le vendeur originaire sera toujours soumis à un recours de la part de
l'acquéreur surenchéri ; recours s'exerçant par une véritable action en garantie dans l'hypothèse de la résolution,
et dans celle du maintien par une simple action en indemnité ayant sa source dans l'art. 1383.

Effets relatifs à l'acquéreur surenchéri.

Ce que nous venons de dire de l'aliénateur primitif
jouant le rôle de vendeur dans l'adjudication, doit être

agrégé, dans la conférence de doctorat faite à la Faculté de Toulouse.
(1868-69.)

appliqué à l'acquéreur surenchéri quand ce même rôle lui est reconnu. Indépendamment de cette conséquence spéciale à une hypothèse seulement, il en est d'autres applicables à l'acquéreur surenchéri dans tous les cas, que son titre soit maintenu ou qu'il soit résolu.

La plus remarquable est indiquée dans le premier § de l'art. 2177 : « Les servitudes et droits réels que le tiers détenteur avait sur l'immeuble avant sa possession, renaissent après le délaissement ou après l'adjudication faite sur lui. » — Cet effet n'est, on le voit, attribué expressément par la loi qu'aux adjudications après délaissement ou après saisie ; toutefois le motif qui l'a fait admettre dans ces deux cas se retrouvant exactement le même dans l'adjudication après surenchère, doit y produire le même résultat.

S'il était vrai, comme l'a soutenu autrefois M. Mourlon qui depuis est venu à récipiscence, que le rétablissement des servitudes ne se peut concilier avec le maintien du titre des tiers détenteur, il faudrait, de deux choses l'une, ou reconnaître que la disposition de l'art. 2177, § 1 ne doit pas être étendue à l'adjudication après surenchère, à cause du silence du chap. VIII, ou bien admettre l'extention et y voir la preuve de la résolution du droit de l'acquéreur surenchéri.

Nous avons déjà, dans le courant de cette thèse, admis que l'on devait compléter le chap. VIII relatif à la purge, par les dispositions du chap. VI dont l'objet est général, et nous avons même appliqué ces principes spécialement à l'art. 2177 § 1. Toute retraite nous étant coupée de ce côté, il faut nous rejeter vers la conciliation de cette disposition légale avec le maintien du titre, sous peine de voir s'écrouler toute notre discussion si péniblement échafaudée. — En somme, cela revient à mettre d'accord les deux paragraphes de l'art. 2177, car le second suppose forcément la non-résolution.

D'après Mourlon, l'aliénation originaire, en faisant

entrer l'immeuble titulaire ou grevé de servitudes dans le patrimoine du tiers détenteur, produit une confusion et par là l'extinction des servitudes. Leur rétablissement n'étant possible qu'autant que la confusion disparaît *ex antiqua causa*, il ne peut dépendre que de la résolution de l'aliénation.

Tout cela serait fort juste, s'il était vrai qu'en effet la confusion a lieu ; mais si l'on démontre qu'elle ne peut naître, tout besoin de faire intervenir une résolution disparaît. — M. Vernet a, croyons-nous, atteint ce but par le raisonnement suivant : Le droit réel des créanciers hypothécaires est complétement à l'abri des actes du débiteur qui ne peut pas plus l'amoindrir par des aliénations partielles de l'immeuble hypothéqué, telles que les constitutions de servitudes, que par une aliénation totale. Si le créancier hypothécaire a toujours droit à tout son gage, c'est-à-dire à l'immeuble dans l'état où il se trouvait au moment de la constitution de l'hypothèque ; par une juste corrélation, il n'a pas droit à plus que son gage. Le tiers détenteur est par rapport à lui absolument dans la même position que le constituant dont il est l'ayant-cause. Il ne peut avoir plus de droits que son auteur ; et comme lui il est soumis à l'obligation de ne pas amoindrir le gage ; or, qui ne voit que la confusion, par l'anéantissement des servitudes actives de l'immeuble aliéné, en diminue la valeur, porte atteinte au droit des créanciers hypothécaires. Ce droit est antérieur à l'acquisition ; il ne saurait en ressentir un préjudice, et c'est pour cela que la confusion ne se produit pas. — Elle n'a pas lieu davantage à l'égard des servitudes passives, par la raison toute juste que le créancier hypothécaire ne doit pas bénéficier d'une aliénation qui ne lui est point opposable, qu'il a le droit de méconnaître en tant qu'elle lui cause du préjudice. — On peut ajouter qu'il n'a droit qu'à son gage, et que cependant, s'il bénéficiait de la confusion quant aux servitudes passives, il évincerait le tiers détenteur de plus que de l'objet hypothéqué, car l'immeuble par suite de l'extinction des servitudes aurait une valeur plus grande qu'au moment de la constitution du droit. — Nul ne doit s'enrichir aux dépens d'autrui; et cette règle serait violée au détriment de l'acquéreur surenchéri et au profit des créanciers, par la confusion.

Ainsi, point de confusion et par suite rétablissement ou plus exactement maintien des servitudes actives et passives, indépendamment de toute résolution. — Les raisons qui motivent l'art. 2177, § 1 ne repoussent en rien le maintien du titre du tiers détenteur, et elles conservent toute leur force alors qu'on choisit le système de la résolution. Cet article constate donc un effet applicable dans tous les cas, quelle que soit l'opinion adoptée sur la nature de l'adjudication.

Occupons nous, maintenant, des améliorations et détériorations opérées par l'acquéreur surenchéri sur l'immeuble adjugé. — Sans doute, la créance ou la dette qui naissent à ce sujet au profit ou contre le tiers détenteur ne sont pas, à proprement parler, des effets de l'adjudication; cependant comme aux yeux de certains auteurs cette dernière a pour résultat de changer en cette matière la personne du créancier ou du débiteur, la place logique de cette question est en cet endroit de notre thèse.

Détériorations. — L'acquéreur surenchéri qui par sa faute ou même par sa négligence détériore l'immeuble, devient par ce fait même débiteur du dommage qu'il a causé. — De qui devient-il débiteur? — La question paraîtra singulière à qui voudra lire attentivement l'art. 2175. Cet article, par cela seul qu'il reconnait que les détériorations ont eu lieu au préjudice des créanciers hypothécaires, prouve avec évidence que l'indemnité leur est due. — On peut rappeler que le droit de gage doit être respecté non-seulement par le débiteur, mais aussi par son ayant-cause, l'acquéreur surenchéri; et que les détériorations commises venant, à la fois, violer cette obligation et causer un préjudice aux créanciers hypothécaires, il y a lieu d'accorder à ceux-ci une indemnité par application de l'art. 1383.

Ces principes ont été méconnus par la Cour de Douai. Dans deux arrêts (0 juin 1811 et 20 avril 1846), elle attribue à l'adjudicataire le profit de l'indemnité pour détériorations. — Cette solution serait exacte si le cahier des charges mentionnait ces dernières et ajoutait à l'immeuble frappé de surenchère la créance en indemnité. Loin de là, aucune distinction n'est faite par la Cour de Douai qui dans les deux arrêts cités se prononce relativement à un cas où le cahier des charges était muet sur ce point.

Nous verrons tout à l'heure combien ce système est faux ; fixons-nous maintenant sur ses conséquences. — La créance en indemnité constitue avec l'immeuble l'objet de la vente. Le prix de l'adjudication représente l'un et l'autre ; aussi faut-il reconnaître à l'adjudicataire un droit définitif sur cette créance qui ainsi ne ressentira pas le contre-coup du règlement à intervenir pour le partage du prix. — Bien au contraire, si l'on attribue aux créanciers hypothécaires le droit à l'indemnité, et que l'adjudication fournisse un excédant sur ce qui leur est dû, comme, alors, ils sont intégralement payés, et ne souffrent en rien des détériorations, le préjudice causé, élément essentiel de toute créance en dommages, fait défaut, et l'acquéreur surenchéri se trouve libéré.

Un fait reconnu même par la Cour de Douai, c'est que la créance naît originairement au profit des créanciers hypothécaires, à la date des détériorations. L'adjudicataire ne peut donc en devenir titulaire que par transmission. Ce serait, au dire de la Cour, par l'adjudication que ce transfert s'opérerait. — Il est facile de démontrer combien cette décision méconnaît le principal élément d'une vente, la volonté des contractants. Pour qu'une vente soit complète, il faut le consentement des parties, c'est-à-dire le concours des deux volontés sur le même objet. Si l'une des parties traite sur deux choses tandis que l'autre n'entend contracter que sur une, cette dernière est seule vendue. Appliquons ces principes dans le cas actuel. L'adjudicataire doit forcément ignorer que des détériorations ont été commises. Le cahier des charges ne lui dit rien à cet égard ; et comment les traces restées sur l'immeuble suffiraient-elles à lui indiquer à quelle époque remontent les dégats. Son consentement n'a pu porter que sur l'immeuble ; dès-lors, l'adjudication n'a pas compris la créance en indemnité. — En outre, même en admettant que l'adjudicataire ait fait porter son consentement jusque sur la créance, il n'a pu l'acquérir que si les créanciers hypothécaires la lui ont cédée ; et ceux-ci ne l'ont certainement pas fait puisqu'ils n'ont rien mentionné au cahier des charges. Quelle serait l'utilité de cet acte, si l'adjudication pouvait dépasser les limites qu'il trace ?

Ain... si la créance en indemnité est attribuée aux créanciers h... othécaires. Le montant leur en sera distribué suivant l'or... dre de leurs inscriptions à l'instar du prix de vente ; et rien ... n'est plus rationnel puisque l'indemnité représente la différe... nce entre le prix obtenu et celui qu'aurait fourni l'adjudic... ation si les détériorations n'eussent pas été commises.

Dans ses rapports avec ... l'aliénateur primitif, l'acquéreur surenchéri a tous les droits ... d'un véritable propriétaire et par suite celui de détériorer l'im... meuble sans avoir à subir la charge d'une indemnité. C'est ... éviction amenée par la négligence de l'aliénateur primitif, qu... a donné naissance à la créance pour détériorations, aussi ... recours soit en garantie, soit donné par l'art. 1383, sui... ant le système adopté, appartient-il à l'acquéreur évincé.

Améliorations. — Nous avons admis le princip... que si les créanciers ont droit à tout leur gage, ils n'ont p...

dre à plus que leur gage. Cette règle strictement appliquée nous obligerait à décider que les améliorations, augmentant la valeur de l'immeuble hypothéqué, doivent à l'exclusion de tout droit réel des créanciers appartenir purement et simplement à celui qui les a faites. Mais le principe posé est modifié par cet autre : *accessorium sequitur principale*. Les améliorations sont accessoires par rapport à l'immeuble objet du gage, ce droit réel les englobera donc par voie d'accession. Tout le monde admet ce résultat quand elles émanent du débiteur; pourquoi accorderait-on le bénéfice d'une solution différente au tiers détenteur qui cependant en sa qualité d'ayant-cause de ce dernier ne peut avoir plus de droits que lui.

Admettre cette solution telle quelle, c'est permettre aux créanciers hypothécaires de s'enrichir aux dépens d'autrui, en profitant de l'augmentation de valeur de l'immeuble amené par les dépenses du tiers détenteur. Aussi, pour éviter ce résultat inique, l'art. 2185 accorde à ce dernier le droit de répéter ses impenses et améliorations.

Contre qui devra-t-il les répéter? Evidemment contre les créanciers hypothécaires qui en profitent. D'ailleurs l'art. 2185 donne par sa rédaction la preuve qu'il s'occupe des rapports des créanciers hypothécaires avec l'acquéreur surenchéri. — L'art. 2185 pose bien la règle de la restitution des impenses; toutefois il n'en déduit pas les conséquences, aussi faudra-t-il appliquer à notre cas les art. 555, 861, 862 basés sur le même principe, et décider, en conséquence, que les créanciers ne sont tenus que de la plus-value si elle est inférieure à la dépense, et de celle-ci seulement si la plus-value lui est supérieure. Quant aux dépenses nécessaires elles doivent être remboursées intégralement; et quant à celles qui ne sont que voluptuaires, l'acquéreur surenchéri ne peut que reprendre les choses dont l'enlèvement peut être effectué sans dégat pour l'immeuble.

L'opinion qui oblige les créanciers hypothécaires au remboursement des impenses n'est pas universellement admise. Les Cours de Paris et de Bordeaux (1) obligent l'adjudicataire à payer les améliorations en sus de son prix, et cela sans supposer la mention de l'indemnité au cahier des charges, cas dans lequel la solution serait juste. — On s'étonne qu'une opinion si manifestement fausse ait pu rallier autour d'elle le plus grand nombre des arrêts sur la matière. Sa fausseté est analogue à celle du système de la Cour de Douai sur l'indemité pour détériorations. — En imposant à l'adjudicataire la charge de l'indemité, on augmente le prix d'adjudication, ou plutôt on le compose de deux éléments. On ne peut, dans une vente, être tenu que d'un prix sur lequel le consentement porte de telle façon que le concours de volontés se produit non seulement sur son existence mais encore sur sa quotité. Dans l'adjudication après surenchère l'acheteur ignore que des améliorations ont été faites sur l'immeuble et surtout qu'elles émanent de l'acquéreur surenchéri. Rien ne le lui indique, puisque le cahier des charges est muet à cet égard. Il doit croire que l'immeuble, en l'état où il se trouve par suite des impenses, est l'équivalent du simple prix fixé par l'adjudication. L'obliger à payer l'indemnité en sus du prix, c'est aller au-delà des limites posées par son consentement, c'est violer la foi du contrat, créer une erreur sur le prix, frapper l'adjudication de nullité. Il n'y a pas de milieu : ou l'adjudicataire ne doit pas l'indemnité, ou bien l'adjudication est nulle pour cause d'erreur. — A cet argument viennent encore s'ajouter tous ceux que nous avons déjà développés pour prouver que la charge des améliorations doit retomber sur les

---

(1) Paris, 7 juin 1854. — Paris, 11 juin 1854. — Paris, 10 mars 1808. — Bordeaux, 14 déc. 1843.

créanciers. — La solution que nous défendons a été adoptée par la Cour d'Orléans, 19 juillet 1843.

Il ne suffit pas d'avoir décidé que les créanciers hypothécaires sont débiteurs de l'indemnité ; il s'agit encore de savoir par quelle voie l'acquéreur surenchéri arrivera au remboursement.

Suivant Vernet et la Cour d'Orléans, il aurait droit, en qualité de *propriétaire-vendeur*, à une partie du prix égale au montant de l'indemnité. Cela suppose tout d'abord tranchée, dans le sens de la non-résolution, la grande controverse de notre thèse. Partant de là, Vernet reconnaît bien au droit de suite le pouvoir d'évincer le tiers détenteur du gage mais non point des améliorations nullement grevées par le droit d'hypothèque. Dès-lors, dans l'adjudication, nous avons deux vendeurs partiels de l'immeuble hypothéqué, l'acquéreur surenchéri pour les améliorations, les créanciers hypothécaires pour le gage Le prix doit se partager entre eux ; chacun est créancier direct de sa part et jouit de toutes les sûretés accordées par la loi au vendeur.

Dans cette solution, l'acquéreur évincé trouve le grand avantage de ne point subir le concours des créanciers des créanciers hypothécaires. — A notre avis, il doit être rangé dans la classe de ces derniers et ne peut être considéré comme vendeur. Dans l'hypothèse de la résolution, aucun doute ne peut s'élever ; de plus, même en nous plaçant au point de vue du maintien du titre, nous persistons dans notre opinion par la raison déjà développée, que par accession le droit de gage et l'éviction s'étendent aux améliorations, et qu'en conséquence les créanciers hypothécaires jouent le rôle de vendeurs à l'égard de *l'intégralité* de l'immeuble. Vendeurs pour le tout, ils ont droit à la totalité du prix. Néanmoins, d'autre part, ces derniers, s'enrichissant ainsi aux dépens de l'acquéreur surenchéri, sont comptables à son égard d'une partie des dépenses suivant les distinctions déjà établies. En résumé, l'exercice du droit de suite entraîne une éviction pour le tout, et donne naissance à une simple créance en indemnité pour les améliorations.

L'acquéreur surenchéri se voit donc réduit à une simple créance qui ne peut venir frapper le prix d'adjudication qu'au moyen d'une saisie-arrêt accessible aussi à tous les autres créanciers des créanciers hypothécaires.

On ne peut sérieusement soutenir que la créance en indemnité soit garantie par un privilége, même différent de celui du vendeur, comme cela avait lieu en droit coutumier (1). Un privilége ne peut exister qu'en vertu d'une mention expresse de la loi, et celle-ci est complètement muette quant au point débattu. La question devient plus délicate si on l'agite au sujet du droit de rétention. Nous pensons toutefois que ce droit, étant exceptionnel de sa nature, ne doit pas être facilement admis dans le silence du Code.

L'art. 2188, dont nous avons déjà donné l'explication, oblige l'adjudicataire à rendre l'acquéreur surenchéri indemne, c'est-à-dire à lui rembourser les frais et loyaux-coûts du contrat, ceux de transcription et de notification.

Le prix d'adjudication subissant des variations suivant la quotité des sommes à restituer en exécution de l'article 2188, il est parfaitement juste de considérer le montant de ce remboursement comme faisant partie du prix, et d'en déclarer, dans le système de la non-résolution, le paiement garanti par un droit de rétention et même par le privilége de vendeur. — La conséquence de l'admission de ces deux garanties réelles, c'est le droit pour l'acquéreur surenchéri d'agir en paiement de cette somme, soit devant le tribunal de la situation de l'immeuble, soit devant celui du domicile de l'adjudicataire. Cela revient à sanctionner sa créance par une action mixte (2).

_____

(1) Cout. d'Orléans, Intr. au tit. XX, n° 38.
(2) Bordeaux, 8 juillet 1833.

Si nous supposons la résolution de son contrat, il a toujours droit aux frais et loyaux-coûts, c'est-à-dire à une portion du prix ; toutefois comme au titre de créancier d'une partie du prix, il ne joint pas la qualité de vendeur, nous lui refusons tous droits de rétention, de privilége et de résolution pour défaut de paiement.

Nous plaçons à la fin de la section relative aux effets de l'adjudication à l'égard de l'acquéreur surenchéri, une conséquence relative à ses créanciers hypothécaires.

Nous avons vu que la résolution de son titre avait pour effet d'entraîner avec elle l'anéantissement des hypothèques constituées par lui durant le temps compris entre les deux aliénations. Supposons maintenant le titre persistant et reconnaissons que, sans doute, l'adjudication ne résoudra pas ces hypothèques, mais qu'elle les purgera de même que les hypothèques inscrites avant la transcription de la première aliénation. Du reste, nous nous occuperons bientôt de ces dernières.

Effets à l'égard de l'adjudicataire.

L'adjudication après surenchère du dixième produit à l'égard de l'adjudicataire les effets de l'adjudication après saisie. Leur examen ne rentre pas dans notre sujet, aussi nous bornerons-nous à en examiner seulement deux dont l'application à notre cas pourrait faire doute.

L'adjudication après surenchère intervient sur un premier acte d'aliénation qui, suivant les termes de l'art. 837, doit tenir lieu de minute d'enchère. Nous avons déjà vu la Cour de Paris mal interpréter cet article et y voir la preuve que l'adjudication transfère l'immeuble à l'adjudicataire avec rétroactivité au jour de la première aliénation. Nous avons assez suffisamment étudié ce prétendu effet pour le négliger maintenant.

Nous occupant toujours de l'influence que peut avoir l'acte originaire sur le droit de l'adjudicataire, nous allons

rechercher si en présence d'une clause de cet acte que nous
supposons être une vente, clause qui dispense l'acquéreur
surenchéri du service des intérêts durant un certain délai,
l'adjudicataire bénéficie de cette exemption d'intérêts pour
toute la période du délai qui reste à courir au moment où
l'expropriation intervient. — La question a été discutée et
a provoqué plusieurs arrêts qui, tous, la tranchent dans le
sens de la négative. Cette solution nous semble incontestable. L'opinion contraire ne peut s'imposer qu'à la condition de prouver que le contrat originaire subsiste pour
l'avenir, malgré l'adjudication qui par suite ne serait
que cette vente primitive se continuant toujours la même,
sauf une modification quant au prix et une substitution de
personnes.

On le voit, cela ne nécessite pas une réfutation sérieuse.
Nous nous bornerons à répondre : Une vente n'est valable qu'à la condition d'avoir un prix déterminé dont la
quotité ne puisse plus, une fois la convention conclue, être
modifiée. Si postérieurement les deux parties sont d'accord pour changer le prix, l'acte qui intervient entre
elles, loin d'être la première vente transformée, forme un
nouveau contrat que les parties lui substituent. — Voilà
les principes qui doivent régir les rapports de la vente
originaire avec l'adjudication. Par cela seul que cette dernière présente un prix différent de celui de la première
vente, elle constitue un acte juridique nouveau, distinct et
qui, pour l'avenir, met fin au contrat primitif, dont les
clauses et conditions ne doivent lui être étendues qu'autant
que le cahier des charges les mentionne. En l'absence de
reproduction de ces clauses, le droit commun, c'est-à-dire
l'entrée immédiate en jouissance et le service des intérêts
à partir de la même époque, doit recevoir son exécution.

Les adversaires battus sur ce terrain reconnaissent dans
l'adjudication un contrat distinct de la première vente,
mais ils s'appuient sur l'art. 837 et voient dans ces mots :
« l'acte d'aliénation tiendra lieu de minute d'enchère » la

prouve que la loi a voulu étendre à l'adjudication toutes
les clauses de l'acte originaire, parmi lesquelles il faut
citer la dispense d'intérêts. Nous avons déjà prouvé, en
discutant le système de la Cour de Paris, que seules les
clauses à l'extension desquelles il n'existait aucun obstacle
étaient applicables à l'adjudication. Ici, l'obstacle vient de
la surenchère. Par elle, le prix de la première vente a été
modifié. La disparition du prix originaire entraîne accessoirement la non-reproduction des clauses relatives aux
intérêts et spécialement de celle touchant la dispense.

Ce sont là les seules difficultés qui se soient élevées sur
l'application à l'adjudication après surenchère du dixième
des effets produits envers l'adjudicataire par l'adjudication
sur saisie.

Effets à l'égard du créancier surenchérisseur.

Le créancier surenchérisseur s'oblige par sa réquisition
de mise aux enchères à porter ou faire porter le prix
d'adjudication à un dixième en sus du prix offert ; en
conséquence l'art. 838 C. pr. civ. le déclare « adjudicataire si au jour fixé pour l'adjudication, il ne se présente
pas d'autre enchérisseur. »

L'adjudication prononcée au profit d'un tiers autre que
le créancier surenchérisseur a pour effet de libérer ce
dernier de l'obligation qu'il a contractée en requérant la
mise aux enchères. Il va de soi que la caution fournie
par lui en exécution de l'art. 2185, 5° profite aussi de la
libération.

Il se peut que le créancier surenchérisseur se porte lui-
même adjudicataire par une enchère supérieure à toutes
celles fournies. Nous ne reconnaissons pas à cette adjudication, comme à celle prononcée au profit d'un tiers,
le pouvoir de libérer la caution et d'éteindre l'obligation
née de la surenchère. Il ne faut point ouvrir une porte à
la fraude et ce serait le faire que permettre à un créancier
surenchérisseur insolvable de libérer sa caution et de

priver ainsi ses cocréanciers des sûretés auxquelles ils ont droit, en se portant dernier enchérisseur, c'est-à-dire en novant sa propre obligation. Si cependant l'adjudication prononcée à son profit était suivie d'une déclaration de command, le véritable adjudicataire étant alors le tiers qui a donné mandat, nous admettrions l'extinction de l'obligation née de la surenchère et la libération de la caution (1).

Quant aux autres effets relatifs, spécialement ou non, au créancier surenchérisseur, nous les examinerons sous la section suivante à cause de leurs points de contact avec les matières que nous y développerons.

Effets à l'égard des créanciers privilégiés et hypothécaires.

L'adjudication après surenchère est, à deux reprises, assimilée par l'art. 838 C. pr. civ. à l'adjudication après saisie, quant à la purge des hypothèques inscrites et à l'extinction des actions résolutoires des vendeurs précédents de l'immeuble adjugé. Cet article mentionne, en effet, deux fois l'art. 717 C. pr. civ. comme devant recevoir son application dans l'espèce. — Les privilèges et hypothèques inscrits sur l'immeuble, soit du chef de l'aliénateur primitif, soit de celui de l'acquéreur surenchéri, disparaissent tous par l'effet de l'adjudication, et sont reportés sur le prix au point de vue du droit de préférence. — On ne peut douter non plus que les actions résolutoires pour défaut de paiement du prix, appartenant aux précédents vendeurs de l'immeuble, ne soient éteintes par l'adjudication, à moins qu'elles aient été dénoncées au greffe trois jours avant. Le renvoi fait par l'art. 838 aux

_____

(1) Contrà, Paris, 8 déc. 1855.

9

dispositions de l'art. 717 est général; cela ressort avec
évidence de l'exception insérée en faveur du maintien des
hypothèques légales. D'ailleurs, lors de la discussion de la
loi de 2 juin 1841, le rapporteur reconnut cet effet qui,
depuis, n'a pu être modifié en suite des changements ap-
portés à l'art. 838 par la loi du 21 mai 1858, tout à fait
étrangère à cet ordre d'idées.

Quant aux hypothèques légales dispensées d'inscription,
l'art. 838 est aussi formel que possible dans le sens de leur
maintien. Après le jugement, la purge des hypothèques légales, si elle n'a pas eu lieu, se fait donc comme au cas d'aliénation volontaire. — Les adjudications après surenchère se
trouvent ainsi avoir une position moyenne entre celles sur
saisie et délaissement qui purgent à la fois hypothèques
inscrites et hypothèques légales dispensées d'inscription,
et les ventes en justice de biens de mineur ou dépendant
d'une succession bénéficiaire, qui sous le rapport de la
purge sont assimilées aux aliénations volontaires.

Le créancier surenchérisseur doit-il garantie à l'adjudicataire? *Quid juris* de la restitution du prix?

Nous avons admis dans le cours de notre thèse une garantie complète due à l'adjudicataire par l'acquéreur
surenchéri si l'on adopte le système du maintien, et par
l'aliénateur primitif si on se prononce pour la résolution.
Cette garantie imposée à celui sur qui la vente de l'immeuble est poursuivie n'est cependant pas admise par certains auteurs. Ils argumentent de la contrainte subie par
le tiers détenteur; à cause de l'absence complète de
consentement de sa part, ils ne voient point en lui un
vendeur et, en conséquence, ne lui imposent aucune obligation de garantie. — Cette objection tombe devant cette
considération que le tiers détenteur joue dans la procédure
de l'adjudication le rôle de propriétaire de l'immeuble,
paraît comme tel aux yeux du public, profite du prix par
la libération qui en résulte; qu'il réunit donc, tous les éléments constitutifs de la qualité de vendeur. Le consente-

ment, il est vrai, paraît faire défaut ; cependant il n'en est rien, puisqu'il a été donné par l'auteur du tiers détenteur, au moment de la constitution de l'hypothèque.

Ce recours en garantie accordé à l'adjudicataire contre celui qui a joué le rôle de vendeur sera souvent insuffisant, même au cas où, la non résolution étant adoptée, l'acquéreur surenchéri sera le garant, car le prix étant ordinairement absorbé par les droits de préférence des créanciers hypothécaires, ne vient pas réparer la brèche faite par l'adjudication au patrimoine du vendeur. Mais le créancier surenchérisseur qui, en définitive, est le promoteur de la vente, lui dont la volonté a remplacé celle du propriétaire, n'est-il soumis à aucune garantie ?

Nous pensons qu'il faut reporter en droit français les doctrines romaines sur la matière, en les modifiant toutefois suivant les principes nouveaux de notre législation.

En droit romain la vente d'un immeuble ne pouvait être poursuivie que par les créanciers hypothécaires. Ce droit n'appartenait pas aux simples créanciers chirographaires alors même que l'immeuble était encore entre les mains du débiteur. Dès lors, quant à la vente d'un immeuble hypothéqué, il n'y avait pas à distinguer suivant que la saisie était opérée contre le débiteur ou contre le tiers-détenteur. — Seul le créancier hypothécaire le premier en rang (*antiquior creditor*) pouvait aliéner d'une façon définitive. L'ayant-cause d'un créancier postérieur était exposé à se voir évincé même par le débiteur hypothécaire auquel aucune exception *vendita, aut tradita* n'était opposable puisqu'il n'avait nullement consenti à la vente.

Les jurisconsultes et Alexandre Sévère décidèrent que le créancier poursuivant n'était pas, en principe, tenu de la garantie à l'égard de l'adjudicataire évincé, qu'il se libérait complètement en lui cédant son action *pigneratitia contraria*. Ils admirent néanmoins plusieurs exceptions :

1° Le créancier poursuivant était garant de son dol. Si

donc, en vertu d'une hypothèque valable, il poursuivait la vente d'un immeuble qu'il savait ne pas appartenir à son débiteur, il répondait de l'éviction (1).

2° Il était soumis à la garantie des évictions provenant d'un défaut de droit dans sa personne. Nous avons vu que la vente, pour être définitive, devait avoir été poursuivie par un créancier hypothécaire le premier en rang. Si l'absence du droit d'hypothèque ou de la priorité du rang était la cause de l'éviction, rien de plus juste qu'alors la responsabilité du créancier vendeur fût engagée. Peu importait que ce dernier fût de la plus parfaite bonne foi.

3° Enfin, la garantie des créanciers pouvait être étendue et même complétement assimilée à celle d'un vendeur, en vertu d'une convention expresse. C'est, on le voit, la doctrine de M. Labbé que nous reproduisons (2).

L'acquéreur évincé avait aussi le droit de recourir contre le débiteur saisi, d'abord par l'action *pigneratitia contraria* que lui cédait le créancier, et en outre par une action *de emplo-utilitatis causa* (3). La condamnation intervenant sur cette action était égale au dommage causé par l'éviction, si le *pignus* était *conventionale* (4). Elle était restreinte au prix de vente quand le *pignus* était *judiciale* (5).

Si l'action de garantie n'était, ainsi qu'on vient de le voir, donnée que dans quelques rares hypothèses contre le créancier saisissant, l'exception de garantie était, au contraire, d'une application générale. Le créancier qui postérieurement à la vente se découvrait ou devenait propriétaire de l'objet vendu, voyait son action en revendi-

(1) Loi 1, C. 8, 46.
(2) Labbé, — de la garantie. Rev. prat., t. 10.
(3) L. 74, § 1, D. 21, 2.
(4) Frag. Vat., § 331.
(5) L. 24 pr. D. 13, 7.

cution repoussée par l'exception *rei venditæ aut tra-
ditæ.*

Faisant maintenant l'application, modifiée sans doute,
de ces doctrines au droit français, nous admettons en principe la non-garantie du créancier surenchérisseur; toutefois nous le croyons tenu des évictions provenant de son
dol ou d'un défaut de droit en sa personne. Pour poursuivre
sur un tiers détenteur la vente d'un immeuble hypothéqué,
il suffit d'être créancier hypothécaire. La priorité du rang
n'est pas exigée chez nous. L'éviction par suite de défaut
de droit de la part du créancier poursuivant ne pourra
donc provenir que de l'inexistence de la créance ou de
l'absence du droit d'hypothèque. — Tout ce qui précède
s'applique aussi bien au créancier surenchérisseur non
colloqué sur le prix qu'à celui qui a bénéficié de l'ordre.

Quant à l'exception de garantie, elle appartient incontestablement contre ce dernier à l'adjudicataire; et si on
la reconnaît indivisible, elle pourra encore être opposée
même aux créanciers hypothécaires non surenchérisseurs
mais colloqués sur le prix. Si au contraire, avec l'opinion
la plus accréditée, on se prononce pour sa divisibilité, elle
ne pourra plus être utilement opposée à l'action en revendication des créanciers simplement colloqués, à la condition toutefois que ceux-ci aient restitué les sommes
par eux touchées dans l'ordre (1).

L'adjudicataire évincé a, enfin, une dernière ressource
dans l'action en restitution du prix *(condictio indebiti)*
qu'il peut intenter contre tous les créanciers colloqués sur
le prix. — En droit romain, l'*antiquior creditor* qui avait
poursuivi la vente et touché le prix était quitte par cela
seul qu'il cédait son action *pignoratitia contraria* à l'encontre du constituant en faute d'avoir créé une hypothèque sur l'immeuble d'autrui. Il conservait le prix. Cette

(1) Vernet, rev. prat. t. 20.

doctrine n'était que la conséquence des principes admis touchant la vente de la chose d'autrui. Cette vente valait, engendrait des obligations parmi lesquelles il nous suffit de citer l'obligation pour l'acheteur de payer le prix. Ce dernier payait dans le but de se libérer de cette obligation et l'éteignait en effet de cette manière. Dès-lors, le prix n'avait point été compté sans être dû, ne se trouvait pas sans cause dans le patrimoine du créancier, et par suite aucune *condictio indebiti* ou *sine causa* ne compétait à l'acheteur évincé.

Dans notre droit il en est différemment. La vente de la chose d'autrui est nulle, c'est-à-dire impuissante à engendrer aucune obligation. L'adjudicataire évincé a donc, en payant, presté ce qu'il ne devait pas. Il a payé pour acquérir l'immeuble et ne l'a point acquis; son paiement manque de cause. Aussi devons-nous lui accorder contre les créanciers colloqués une action en restitution du prix, qui est à la fois la *condictio indebiti* et la *condictio sine causa* des Romains.

Delvincourt et Duranton refusent à l'adjudicataire la *condictio indebiti* contre les créanciers colloqués, et la lui accordent contre le débiteur. Les premiers, disent-ils, ne profitent pas du prix puisqu'ils ne recouvrent que ce qui leur est dû; tandis que le second en tire réellement parti sous forme de libération. — Il est faux, d'abord, de prétendre qu'on ne bénéficie point en recouvrant son dû; d'ailleurs l'adjudicataire a traité directement avec les créanciers hypothécaires; il a payé pour faire sa propre affaire et non celle du débiteur qui n'a figuré dans l'adjudication qu'à l'arrière plan; il n'a pas eu et n'a point entendu avoir de relations avec lui; c'est, par conséquent, seulement à l'encontre des créanciers hypothécaires que s'agite la question de l'indû, du paiement sans cause.

En résumé, l'adjudicataire évincé a contre le créancier surenchérisseur une action en garantie restreinte et une exception de garantie générale, contre les créanciers colloqués une action en restitution du prix, et contre son vendeur une action de garantie ordinaire. Il en est de plus mal partagés !

Effets à l'égard du débiteur personnel de la dette à laquelle l'immeuble adjugé était affecté.

Un grand nombre des différents effets déjà analysés sont communs à tous les tiers détenteurs, à ceux qui délaissent ou se laissent saisir comme à ceux qui purgent. Il en est ainsi du recours donné par l'adjudication à l'acquéreur surenchéri contre le débiteur personnel de la dette.

Nous avons déjà vu que, toutes les fois que le titre originaire est une vente, l'acquéreur surenchéri a contre son vendeur un recours en garantie ou en indemnité, suivant le système adopté sur la résolution. En sus de cette sauvegarde, il peut, quand son argent a servi à l'extinction de la dette hypothécaire, recourir par une action *negotiorum gestorum* contre le débiteur personnel de la dette, qui souvent sera une personne distincte de l'aliénateur primitif.

Dans le système du maintien, il est facile de préciser les cas de recours. Ainsi quand après avoir payé une première fois le prix à son vendeur, le tiers détenteur purge et à suite de surenchère est exproprié, il recourra contre le débiteur personnel pour tout l'argent distribué aux créanciers hypothécaires. — Si plus prudent, il purge avant d'avoir payé, et qu'il subisse l'expropriation, il aura contre le débiteur personnel une créance jusqu'à concurrence de la portion de l'excédant du prix d'adjudication sur le prix de la première aliénation, qui aura été employée au paiement des créances hypothécaires. — Dans le système de la résolution, l'aliénateur primitif est substitué à l'acquéreur surenchéri ; c'est à lui que le prix d'adjudication est dû ; c'est donc son argent qui libère

le débiteur. En conséquence, le recours doit exister à
son profit.

Si l'aliénateur primitif et le débiteur personnel sont la
même personne, pas de difficulté. Au cas de maintien du
titre originaire, l'acquéreur surenchéri aura contre lui les
deux actions *negotiorum gestorum* et en garantie, et au
cas de résolution la seule action en indemnité de l'art. 1382.

Quand l'aliénation originaire est une donation, le jeu
de l'action *negotiorum gestorum* reste tel que nous
l'avons montré. Il faut seulement rappeler dans ce cas,
l'absence d'action en garantie. — Entre cette action et
celle de gestion d'affaires, il existe cette différence que
la première peut être intentée dès que le tiers détenteur a été troublé par la surenchère, tandis que la seconde ne prend naissance qu'au moment de l'adjudication.

Le tiers détenteur ou l'aliénateur primitif, dont l'immeuble a servi à l'extinction des dettes hypothécaires,
est subrogé aux droits des créanciers désintéressés.
(1251, 2° et 3°).

SECTION III.

De la transcription de l'adjudication prononcée au pro-fit d'un tiers autre que l'acquéreur surenchéri.

Pour qui admet le maintien de la première aliénation,
l'adjudication ne fait que transférer l'immeuble hypothéqué; elle n'est que translative. Aussi la transcription est-
elle nécessaire, mais seule nécessaire.

Si l'on adopte la résolution, le jugement d'adjudication
est alors résolutoire translatif. Comme translatif, il est
soumis à la transcription. Doit-il, en outre, comme
résolutoire, rentrer dans le champ d'application de l'art. 1
de la loi du 23 mars 1855, c'est-à-dire être mentionné en
marge de la transcription de l'acte résolu ?

M. Mourlon le pense et motive son opinion sur ce que la loi fixant un mode spécial de publicité pour les jugements tels que l'adjudication résolutoire, il n'est point permis d'en adopter un autre, fût-il plus complet. La transcription, d'ailleurs, ne permet point de se passer de la mention, puisqu'en l'absence de cette dernière celui qui demanderait copie de la transcription de l'acte résolu ne serait nullement instruit de la résolution.

Nous ne partageons pas cette opinion. Pour la réfuter, nous éviterons de parler, comme le font certains auteurs, de l'inutilité de la mention en présence d'une transcription qui est présumée rendre le jugement public. Cet argument nous paraît très faible, car on peut citer beaucoup de cas où la loi a formellement exigé deux publicités. Ainsi quand une personne mariée devient commerçante, elle doit publier son contrat de mariage qui cependant a déjà reçu une première publicité (69 C. Com.)

Le seul moyen d'arriver à la vraie solution, c'est de se bien fixer sur les rapports de l'adjudication avec le contrat résolu. Le tiers détenteur avait acquis sous la condition résolutoire que l'immeuble serait après surenchère du dixième adjugé à une personne autre que lui. Le jugement d'adjudication bien loin de *prononcer* la résolution du contrat, de *constater* la réalisation de la condition, réalise lui-même cette dernière par cela seul qu'il existe. Comment ne pas admettre dès-lors, qu'il n'est plus dans les termes de l'art. 4 de la loi du 23 mars 1855. Cet article dit : « Tout jugement prononçant la nullité, la rescision, la résolution, etc. » Notre adjudication prononce-t-elle la résolution, ainsi que le veut cette disposition légale ? Evidemment non. Elle est simplement l'événement qui complète, parfait la réalisation de la condition. Les jugements prévus par l'art. 4, le plus souvent n'entraînent pas la résolution, ils ne font qu'en constater la préexistance. Dans quelques cas rentrant sous l'application de cet article, par exemple celui de l'art. 1181, le jugement produit

bien la résolution, mais c'est en la prononçant. Notre adjudication, au contraire, la produit et ne la constate pas.
La différence nous semble assez tranchée. — Du reste
que penser de l'idée d'avertir les tiers, de les instruire
d'un événement par une mention qui n'y fait aucune
allusion ?

CHAPITRE II.

L'acquéreur surenchéri se porte adjudicataire.

L'adjudication prononcée au profit de l'acquéreur surenchéri, bien loin de résoudre le titre primitif d'aliénation, le confirme. Aucune translation de propriété n'en résulte, et l'adjudicataire puise son droit à l'immeuble non pas dans le jugement, mais bien dans le premier acte confirmé. Son droit date de cette époque et ne change pas de cause par l'adjudication. Le doute n'est pas possible en présence des termes de la loi : « L'acquéreur ou le donataire qui conserve. » — Cette manière de s'exprimer, déjà si précise, est encore accentuée par la fin de l'article : « N'est pas tenu de faire transcrire le jugement d'adjudication. » La dispense de transcription concorde parfaitement avec le caractère confirmatif et en prouve surabondamment l'existence.

Quoique l'acquéreur surenchéri continue à être propriétaire en vertu du premier acte d'aliénation, il doit payer le prix fixé par l'adjudication. Nous avons dès-lors, en nous plaçant dans l'hypothèse d'une vente, cet acte qui, postérieurement à sa date, subit une modification dans le prix, c'est-à-dire dans un de ses éléments essentiels et cependant, continue de valoir. — Dans le cas d'une donation, la bizarrerie est encore plus grande puisque l'acquéreur surenchéri, après avoir payé dans l'adjudication la valeur de l'objet donné, est encore considéré comme donataire. Sa position est même dangereuse : car si nous supposons l'aliénateur primitif distinct du débiteur personnel, il suffit qu'une cause de révocation de la donation se produise pour que l'immeuble qu'il a cependant payé lui soit enlevé. — Tous ces motifs et la tradition du droit coutumier nous ont fortement poussé à admettre, sur le cas en discussion, un système différent de celui universellement admis, mais notre isolement nous a enlevé toute confiance dans la bonté de notre cause.

L'adjudication étant simplement un acte confirmatif, nous restons en présence d'une seule mutation, la première aliénation. Un seul droit est dû ; toutefois au lieu d'être basé sur le prix inscrit dans l'acte originaire, il est proportionnel au prix fixé par l'adjudication. Le fisc devra donc tenir compte des sommes déjà payées et se borner à percevoir un droit proportionnel à l'excédant du prix d'adjudication sur celui de la première aliénation.

L'art. 2180 déduit une autre conséquence du caractère confirmatif de l'adjudication, en la dispensant de la transcription. — Sous la loi de brumaire an VII, on adoptait cette même règle, et ce n'était que la juste application du principe déposé dans la loi, principe qui ne soumettait à la transcription que les actes translatifs de propriété.

Le Code a expressément excepté cette adjudication de la transcription. C'était faire une chose complètement inutile. De deux choses l'une, en effet, ou les principes de brumaire régissaient encore notre droit ; et dans ce cas le simple jeu de la règle que les mutations de propriété sont seules soumises à la transcription, suffisait à écarter de cette formalité une adjudication simplement confirmative, ou bien, comme cela a été reconnu jusqu'à la loi du 23 mars 1855, le Code n'exigeait pas la transcription pour les actes translatifs à titre onéreux, et alors, par *a fortiori*, la dispense devait être étendue à l'adjudication après surenchère. Jamais il n'était utile de formuler une exception.

La loi du 23 mars 1855 est survenue. A-t-elle modifié la disposition de l'art. 2180 ; a-t-elle exigé la publicité ? — Le 4° de l'art. 1 de cette loi vise spécialement les adjudications et soumet à la transcription « tout jugement d'adjudication autre que celui, rendu, sur licitation au profit d'un cohéritier, ou d'un copartageant. » Certes, le texte est précis. Nous nous trouvons en présence d'une règle générale posée en termes aussi larges que possible : *tout jugement d'adjudication*. Celui prononcé au profit de l'acquéreur surenchéri rentre évidemment dans le principe posé. Bien plus, le législateur, en prenant le soin d'apporter des exceptions à la règle qu'il pose, nous fait connaître les limites de cette dernière par celle de l'exception. Seul le jugement d'adjudication rendu sur licitation au profit d'un cohéritier ou d'un copartageant est excepté ; celui prononcé en faveur de l'acquéreur surenchéri étant ainsi rejeté au-delà des limites de l'exception, se trouve dans le champ de la règle.

A expliquer la loi strictement d'après ses termes, la question ne saurait être douteuse, mais la satisfaction qu'il faut donner, dans une juste mesure, à l'esprit des dispositions légales, nous amène à la solution contraire. L'art. 1, 1º nous fixe sur l'intention générale de la loi en disant que tout acte entre-vifs translatif... doit être transcrit. N'est-ce pas la preuve que la transcription doit frapper toutes les mutations, et seulement les mutations. Or, ce principe reçoit une double atteinte dans le 4º du même article. Les adjudications faites devant notaire ne sont pas des jugements, toutefois elles tranfèrent la propriété, et cependant, à appliquer strictement le § 4, elles ne seraient pas transcrites. Voilà donc violé le principe que toute mutation doit être rendue publique. Quoique l'adjudication prononcée au profit de l'acquéreur surenchéri ne soit pas un acte translatif, néanmoins le § 4, à cause de sa qualité de jugement, la soumet à la transcription. Voilà aussi violé de son côté le principe que *seuls* les actes translatifs doivent être transcrits. — Étant connus le but poursuivi par le législateur de 1855, sa volonté de n'étendre la publicité qu'aux actes translatifs, nous n'hésitons pas à faire dominer le texte par la pensée de la loi, et à dispenser de la formalité de la transcription les adjudications prononcées au profit de l'acquéreur surenchéri. — Du reste, l'opinion contraire arrive à exiger une seconde transcription tout à fait dépourvue de sanction puisque par la première aliénation transcrite le tiers détenteur a déjà établi son droit de propriété au regard des tiers.

Entre le cas où l'adjudication est prononcée en faveur de l'acquéreur surenchéri et celui où un tiers quelconque se porte adjudicataire, il existe cette différence considérable que le second doit toujours l'intégralité de son prix, tandis que le premier n'en est débiteur que jusqu'à concurrence des sommes hypothécaires inscrites sur l'immeuble antérieurement à la première aliénation. — A part ces quelques effets spéciaux à l'hypothèse que nous examinons, les deux adjudications produisent absolument les même effets.

Toutefois la garantie due par le créancier surenchérisseur sera restreinte à son dol. Quant à l'éviction provenant d'un défaut de droit en sa personne, elle ne peut se présenter dans notre espèce, puisque le droit de la provoquer ne compète qu'à l'acquéreur surenchéri qui ne peut évidemment s'évincer lui-même. Cependant, quoique faite sans droit, la surenchère a obligé ce dernier à payer, pour garder l'immeuble, un prix supérieur à celui de la première aliénation, aussi lui accorderons-nous un recours en indemnité basé sur l'art. 1383.

La circonstance que l'adjudication est prononcée au profit du tiers détenteur, ne modifie en rien ce que nous avons dit au sujet des impenses et améliorations. Elles sont à la charge des créanciers hypothécaires. En conséquence, le tiers détenteur adjudicataire définitif établira une compensation entre le montant de l'indemnité et une partie égale du prix d'adjudication. Il en serait différemment si le cahier des charges mettait les impenses à la charge de l'adjudicataire. Alors le prix devrait être payé intégralement, à moins qu'il n'offrît un excédant sur le montant des créances hypothécaires.

Quant aux détériorations, l'acquéreur surenchéri est aussi traité comme il le serait si un tiers s'était porté adjudicataire. Il doit aux créanciers une indemnité qui vient s'ajouter au prix. Mais si ce dernier suffit à les désintéresser, les détériorations ne leur causant en ce cas aucun préjudice, l'indemnité ne sera pas due.

Si le cahier des charges attribuait la créance en dommages à l'adjudicataire, l'acquéreur surenchéri deviendrait, par l'adjudication, son propre créancier, c'est-à-dire qu'il ne devrait rien pour les détériorations. — La Cour de Douai généralise cette doctrine et l'étend au cas où le cahier des charges est muet (1). Nous avons déjà réfuté une théorie semblable mise en avant par la même Cour dans l'hypothèse où un tiers se porte adjudicataire. Les mêmes objections s'appliquant à l'arrêt en question, nous n'y revenons pas.

En résumé, les rapports des créanciers hypothécaires avec l'acquéreur surenchéri, adjudicataire définitif, sont régis par le jugement d'adjudication; néanmoins le contrat primitif continue à régler la position de ce dernier à l'égard de l'aliénateur primitif qui, étant complétement étranger à l'expropriation, ne saurait la voir produire des effets en sa faveur et surtout modifier son obligation de garantie. L'article 2101 constate ce principe en appliquant un recours à l'excédant du prix sur celui de la première aliénation, ainsi qu'aux intérêts de cet excédant.

Enfin, l'action du tiers détenteur contre le débiteur personnel de la dette hypothécaire, que celui-ci se confonde avec l'aliénateur primitif ou qu'il en soit distinct, est complétement identique au recours analogue examiné sous le chapitre I. — Quant à l'article 2188, il est nécessairement inapplicable dans l'espèce.

---

(1) Douai 9 Juin 1841.

POSITIONS

DROIT ROMAIN.

I. L'interdit Salvien fut utile même après la création de l'action Servienne.

II. L'interdit Salvien était donné contre tout possesseur de la chose hypothéquée.

III. Le pupille qui contracte sans l'autorisation du tuteur est soumis à une obligation naturelle.

IV. Dans une aliénation sous condition résolutoire, la charge des risques n'entraînait pas l'attribution des fruits.

V. La *filiafamilias* était capable de s'obliger par contrat.

DROIT COUTUMIER.

I. La puissance maritale dérive du *mundium* germanique.

II. La mainbournie est l'origine de la communauté entre époux.

III. La vente de la chose d'autrui est nulle.

IV. L'adjudication d'un immeuble hypothéqué, prononcée au profit de l'acquéreur enchéri à suite de décret volontaire, n'était pas confirmative de la première aliénation.

DROIT FRANÇAIS.

I. Le titre de l'acquéreur surenchéri n'est point résolu par l'adjudication prononcée au profit d'un tiers.

II. Un acquéreur sous condition résolutoire est, en cas de réalisation de celle-ci, obligé à la restitution des fruits perçus.

III. Les risques *pendente conditione* sont à la charge de l'aliénateur sous condition résolutoire.

IV. L'adjudication après surenchère donne lieu à un droit de mutation distinct de celui dû pour l'aliénation originaire.

V. L'indemnité pour impenses et améliorations faites par le tiers détenteur est à la charge des créanciers hypothécaires.

VI. L'indemnité pour détériorations émanées du tiers détenteur est due aux créanciers hypothécaires.

VII. Le créancier surenchérisseur garantit l'adjudicataire contre toute éviction provenant d'un défaut de droit en sa personne.

VIII. L'adjudication prononcée au profit de l'acquéreur surenchéri est dispensée de la transcription.

PROCÉDURE CIVILE.

I. Une créance, dont l'existence est subordonnée au résultat d'un compte à faire entre les parties, ne suffit pas à autoriser une saisie-arrêt.

II. L'appel formé contre un jugement rendu en dernier ressort ne peut jamais saisir utilement les magistrats du second degré.

DROIT CRIMINEL.

I. L'action contre les personnes responsables civilement à raison d'un fait qualifié par la loi pénale est soumise, comme l'action civile contre l'auteur du fait, au délai exigé pour la prescription de l'action publique.

II. La présomption de non-discernement admise par la loi en faveur des mineurs de seize ans, quant aux crimes et aux délits, doit aussi être appliquée en matière de contravention.

III. La tentative de complicité n'est pas punissable.

IV. Le chef de l'État a le droit de remettre par une clause expresse des lettres de grâce les incapacités accessoires de la peine principale.

DROIT COMMERCIAL.

I. L'association en participation est celle dont l'objet est limité à une ou plusieurs opérations de commerce.

II. L'effet déclaratif du partage, en matière de société, ne rétroagit pas au-delà de l'époque de la dissolution.

DROIT ADMINISTRATIF.

I. Le lit des cours d'eau non navigables ni flottables appartient aux riverains.

II. Le ministre est le juge ordinaire du contentieux, en premier ressort.

Cette Thèse sera soutenue en séance publique, dans une des salles
de la Faculté de Droit de Toulouse le

Vu par le Président de la Thèse,

V. MOLINIER.

Vu, pour le doyen absent,
Le professeur délégué.

A. RODIÈRE.

Vu et permis d'imprimer :

Le Recteur,

ROUSTAN.

« Les visa exigés par les règlements sont une garantie des principes et
» des opinions relatifs à la religion, à l'ordre public et aux bonnes mœurs
» (Statut du 9 avril 1828, article 41), mais non des opinions purement
» juridiques, dont la responsabilité est laissée aux candidats.

» Le candidat répondra, en outre, aux questions qui lui seront faites
» sur les autres matières de l'enseignement. »

TABLE DES MATIÈRES

DROIT ROMAIN

Transformations du Crédit réel conventionnel.

INTRODUCTION.................................... 5

CHAPITRE I. *Fiducia*........................... 5

CHAPITRE II. *Pignus*........................... 11

CHAPITRE III. Antichrèse....................... 20

CHAPITRE IV. *Hypotheca*...................... 32

§ 1. Notions générales.................. 33

§ 2. Formation de l'hypothèque......... 35

§ 3. Droit de suite et de préférence...... 43

DROIT FRANÇAIS

De l'Adjudication après surenchère du dixième sur aliénation volontaire.

INTRODUCTION.................................... 58

CHAPITRE I. L'adjudicataire est un tiers autre que l'acquéreur surenchéri................ 59

SECTION I. De la nature de l'adjudication dans ce cas.............................. 59

§ 1. L'adjudication n'empêche pas le titre originaire d'acquisition de valoir. — Conséquences spéciales................... 61

§ 2. L'adjudication résout le titre de l'acquéreur surenchéri. — Conséquences
spéciales..................................... 70

§ 3. Discussion des deux premiers systèmes 90

Troisième et quatrième systèmes de M.
Mourlon..................................... 107

Cinquième système (Cour de Paris)........ 112

Jurisprudence.............................. 114

SECTION II. Effets de l'adjudication.......... 116

Effets relatifs à l'aliénateur primitif...... 116

— à l'acquéreur surenchéri... 116

— à l'adjudicataire.......... 126

— au créancier surenchérisseur 128

— aux créanciers hypothécaires 129

— au débiteur personnel de la
dette à laquelle l'immeuble adjugé était
affecté..................................... 135

SECTION III. De la transcription de l'adjudication prononcée au profit d'un tiers autre
que l'acquéreur surenchéri.............. 136

CHAPITRE II. L'acquéreur surenchéri se porte adjudicataire................................. 139

POSITIONS................................. 145

Toulouse, Imprimerie CAILLOL et BAYLAC, rue de la Pomme, 31.

www.ingramcontent.com/pod-product-compliance
Lightning Source LLC
Chambersburg PA
CBHW071859200326
41519CB00016B/4465